墨香财经学术文库

"十二五"辽宁省重点图书出版规划项目

U0791658

Research on the Internal Control Framework System of Administrative Behavior

行政事业单位行政行为内部控制框架体系研究

李英◎著

东北财经大学出版社
Dongbei University of Finance & Economics Press
大连

图书在版编目（CIP）数据

行政事业单位行政行为内部控制框架体系研究 / 李英著. —大连：东北财经大学出版社，2016.8

（墨香财经学术文库）

ISBN 978-7-5654-2473-1

Ⅰ. 行… Ⅱ. 李… Ⅲ. 行政事业单位-内部审计-研究-中国 Ⅳ. F239.66

中国版本图书馆CIP数据核字（2016）第199754号

东北财经大学出版社出版发行

大连市黑石礁尖山街217号 邮政编码 116025

网 址：http：//www.dufep.cn

读者信箱：dufep @ dufe.edu.cn

大连图腾彩色印刷有限公司印刷

幅面尺寸：170mm×240mm 字数：164千字 印张：12 插页：1

2016年8月第1版 2016年8月第1次印刷

责任编辑：李 彬 刘慧美 李 丹 吴 茜 责任校对：那 欣

封面设计：冀贵收 版式设计：钟福建

定价：32.00元

教学支持 售后服务 联系电话：（0411）84710309

如有印装质量问题，请联系营销部：（0411）84710711

序

一

内部控制是一种古老的管理活动，与组织相伴而生、共同发展，已经形成了较为完整的理论和方法体系。1948 年，维纳出版了《控制论——关于在动物和机器中控制和通信的科学》，其中控制论的思想和方法渗透到包括管理学在内的几乎所有的自然科学和社会科学领域，推助形成了内部控制研究的一个高峰。

近些年来，内部控制问题再度成为全球理论界、实务界共同关注的热点话题，最根本的原因大概是管理创新的重要性日益显著。随着社会经济的持续发展，组织的业务活动越来越复杂，相应地，组织形式、组织结构不断创新发展，组织的内部管理活动也越来越重要，对管理创新的需求也就越来越迫切。李克强总理在 2014 年夏季达沃斯论坛上明确提出“大众创业、万众创新”的观点，其被视作中国新常态下经济发展的“双引擎”之一。李克强总理特别强调：“创新不单是技术创新，更包括体制机制创新、管理创新、模式创新。”在组织的管理活动中，内部控制作为概念较为明确、方法较为具体、操作性较强、影响力较大的一个部分，理所当然地被当作推动管理创新的最好抓手，从而引起各界关注。

组织内部事务的外部化，是一个研究的新动向。根据传统的理论观点和实际做法，组织的内部管理大体上被视为其内部事务，社会公众和监管机构无权也无需进行干预。然而，随着经济和社会的不断发展，社会主体的行为影响越来越广泛，主体之间的利益关系越来越复杂，外部性问题越来越普遍。在公众公司、使用公共资源的组织，以及为公众服务的组织中，外部性问题尤其突出。相应地，组织内部事务的外部化成为社会治理中的一个新问题。美国安然公司发生的财务造假事件，就是组织内部控制缺失导致大量利益相关者受损的一个典型案例，直接推动了监管机构对企业内部控制活动的干预，继美国出台萨班斯法案之后，中国颁布了企业内部控制规范，在此基础上还做出了全面推进管理会计体系建设的决定。内部事务外部化的迹象展露，是值得理论界、实务界关注和研究的一个动向。

行政事业单位通常使用财政资金进行社会管理或提供公共服务，被很多经济学家称为“公共产品”的提供者。公共产品的外部性，也可以说是行政事业单位自身的公共属性，决定了社会公众有理由、有资格过问行政事业单位内部控制事务——如果他们认为需要过问也乐意过问的话。另一方面，“十八大”以来，深入推进依法行政、加快建设法治政府成为“全面依法治国”战略布局的一个重要部分，本质上体现为党和政府严格的自我约束，蕴含着宏观意义上党和政府的内部控制思想。

十八届四中全会做出的《关于全面推进依法治国若干重大问题的决定》提出：加强对政府内部权力的制约，“对财政资金分配使用、国有资产监管、政府投资、政府采购、公共资源转让、公共工程建设等权力集中的部门和岗位实行分事行权、分岗设权、分级授权，定期轮岗，强化内部流程控制，防止权力滥用”。财政部先后印发《行政事业单位内部控制规范（试行）》（财会〔2012〕21 号）和《关于加强财政内部控制工作的若干意见》（财监〔2015〕86 号），就是一步一步地将宏观的政府内部控制思想推向微观运行。

二

然而行政事业单位内部控制的复杂性远远超过企业等其他类型的组织。下面就简述几个问题。（1）动力机制问题：不少文献已经验证，市场机制相对成熟的环境里，企业可以有内生动力实施内部控制，内控好的企业更容易管控风险、消除内部运行障碍、提高经济效益，更容易获得相关者认可，形成融资、营销等各种便利，等等，所以，推动实施相对容易；但是行政事业单位内部控制的动力、阻力更具隐性特征，推动这个工作的抓手也不好确定，以至于管人的、管财的、监管的机构中，哪一类最合适作为牵头单位都难以决定。（2）主体范围问题：我国行政事业单位类型十分复杂，行政单位中，有的时候司法机关也被纳入“政府”的范畴，内部监督管理上与行政机关一致；事业单位中，又有承担行政职能的“准行政机关”，也有公益单位，甚至还有独立面向市场的“准企业”。（3）有关控制范围：财会〔2012〕21 号主要针对行政事业单位的经济业务实施内部控制，但是财监〔2015〕86 号则要求进行全业务内部控制。（4）有关控制方法：经济业务的内部控制方法虽然也很复杂，但是至少要遵循成本效益原则，而非经济业务的控制理论、控制方法似乎与行政事业单位千差万别又包罗万象的业务活动一样，难以找到清晰的思维逻辑和有效举措。

由此可以看出，对行政事业单位内部控制的研究需要考虑的问题太多，容易解决的问题太少。因此，在当前和今后较长的一个时期内，行政事业单位内部控制的实践必然是由简到繁、不断尝试、逐步深入的过程。作为实践的经验总结和科学升华，行政事业单位内部控制理论也需要得到相应的发展。我很欣喜地看到，行政事业单位经济业务内部控制、财政系统全业务内部控制的实践和理论探索都得到理论界的高度关注，已经有一些专家学者提出了颇有见地的观点。我一直认为，行政事业单位内部控制是一个有意思、有价值的研究话题，值得会计学术界高度重视，也值得有兴趣的学者投入大量的时间与精力。特别是在中国特色社会主义背景下，从我国行政事业单位内部控制的实践中抽象、提炼出一些理论学说，很有可能迥异于西方国家的研究发现，很有可能实现理论研究的重大突破而令全球学术界瞩目。

三

我的博士研究生李英选择“行政事业单位内部控制”作为学位论文的主题，我是既惊又喜。这个研究领域博大精深，但是对于一个学术新人来说，博大精深实际上是凶险万状的代名词。我认为，做好研究的条件之一是要有良好的文献基础，有大量的理论积累。经济学、管理学、社会学、行政学、法理学、新老“三论”……理论基础相关的内容很多，但是真正可以直接借鉴的行政事业单位内部控制方面的文献相对很少；新闻性质的宣传报道很多，理论抽象的学术成果相对很少；说重要意义的很多，提内控经验的相对较少。如何从不那么直接相关的文献中汲取行政事业单位内部控制理论的思想精华、夯实论文的理论基础，显然很有难度。做好研究的条件之二是要有丰富的实践体验，有深入的思想认识。虽然行政事业单位一般都比较重视内部管理，制度办法比较规范，办事流程比较清晰，但是，对于众多的行政事业单位而言，现代意义上的内部控制还是一个新生事物。确定论文选题时，虽然财会〔2012〕21号文发布已经一年有余，但是，在非强制实施的情况下，真正能够达到文件要求的行政事业单位非常少，李英同学更加难以亲历其中。

经过反复考虑，我最后还是支持她研究行政事业单位内部控制问题。一个原因是这个选题真的如此重要，我非常愿意看到多一些人关注这个领域，希望看到这个问题能够多出一些成果；另一个原因是李英不畏艰难的探索精神值得鼓励，我十分乐于看到我的学生写文章没有过于功利。单纯看什么题材容易成文、文章投出去容易发表，容易被刊物或者编辑的某些偏好带入歧途，可能使学生消弭了研究的兴趣、泯灭了思想的火花。值得欣慰的是，李英经过大量阅读各种文献资料、深入保靖和龙山两县开展实地调研，加上多年来在学校从事教学工作、在杂志社从事编辑工作，对行政事业单位的运行和内部管理有一定的了解，最终以行政行为内部控制为研究重点，按时完成了学位论文，并且得到评审和答辩专家的认可。本书对行政事业单位内部控制理论、原则和方法提出了一些看法，将行政行为的流程进行了分类梳理，指出了各类行政行为的关键风险点和控制措施，特别是在文献研究和实地调研的基础上进行了典型案例研究，可以说是对行政行为内部控制理论和方法研究方面的一次有益探索，值得肯定。

当然，本书还有不够完善之处，研究还需继续推进。例如，行政事业单位和行政行为的概念界定与研究内容还有些不协调、不一致，内部流程重构、关键环节和风险控制方法还显得比较简略，案例研究显得不够精细和深入，等等。希望李英发扬知难而上的精神，深入行政事业单位内部控制研究之宝库，挖掘理论精髓，推动实务工作。

因此，我支持李英将论文出版印行，并作序鼓励。

中国会计学会　周守华

2016 年 9 月

前言

我国行政事业单位承担着管理社会经济发展的神圣职责，其每项决策、政策、制度、措施等都涉及社会方方面面的利益，不管是货币政策、财政政策、税收政策、宏观调控措施，还是住房、教育、医疗、文化、科技等改革举措，都牵一发而动全身。行政事业单位内部控制作为行政事业单位管理的重要组成部分，在行政事业单位部门管理中发挥着制约、规范行政行为的作用，有助于保证行政决策的科学性和可行性，有助于保证政府部门履行责任，有助于保证政府部门贯彻执行相关法律法规，有助于保证财政财务收支的真实、合法，有助于保证政府部门信息的真实、可靠、公开、透明。然而由于行政事业单位的特殊性、内部控制的复杂性以及理论和实践上对内部控制重要性认识的不足，行政事业单位的内控建设相对比较滞后。目前，我国仅仅在规范行政事业单位经济活动方面制定了基本规范，在行政事业单位的核心业务方面，特别是在最需要进行控制的行政行为的内部控制问题上，基本属于空白。因此，在贯彻落实习近平总书记“把权力关进制度的笼子里”“让权力在阳光下运行”等指示精神方面，现行内控规范的效果非常有限，深化行政事业单位内部控制研究，特别是推动针对行政行为的内部控制，对切实提升行政事业单位整体管理水平具有特别重要的意义。

本书是问题导向研究。我国开展行政事业单位内部控制实践是当前形势所需，解决行政事业单位内部控制面临的问题，需要相应的理论支持和指导。本书基于组织行为理论和政府交易成本理论重构行政事业单位内部控制理论框架，为我国后续进行行政事业单位内部控制学术研究、理论交流和实务发展提供一个新的研究视角和路径参考；同时结合我国事业单位分类改革现状以及《行政事业单位内部控制规范（试行）》现有内容，在行政事业单位内部控制整体框架指导下，为行政事业单位建立行政行为内部控制提供范例，以期推动行政事业单位防范各类风险、提高内部管理水平、增强治理能力、改善公共管理和服务效果。

针对行政事业单位行政行为内部控制研究，全书共分为七部分进行讨论：

第 1 章，导论。本部分作为本书的开篇，认为建立、健全行政事业单位行政行为内部控制规范是预防贪污腐败的有效手段，是降低行政成本，提高政府工作透明度与公信力，深化行政体制改革，建设职能科学、结构优化、廉洁高效、人民满意的服务型政府的重要手段。通过对选题背景的简要描述引出本书的主题——行政事业单位行政行为内部控制，阐述本书的理论价值与应用价值，在此基础上进一步介绍本书的研究目的、内容安排及创新观点。

第 2 章，行政事业单位内部控制实践理论回顾及内涵界定。这一部分首先梳理、回顾了行政事业单位内部控制建设实践的历史发展过程，以探索我国行政事业单位内部控制规范建立的依据和现实考量；同时对行政事业单位内部控制相关研究文献进行评述，以归纳国内外研究存在的问题与局限性。通过对行政事业单位内部控制实践及研究的历史回顾与现状分析，对我国行政事业单位行政行为内部控制的内涵予以重新界定。

第3章，行政事业单位内部控制理论探讨与框架重构。本部分首先通过对现有行政事业单位内部控制框架进行追本溯源，发现现有行政事业单位内部控制主要来自对企业内部控制和美国《联邦政府内部控制准则》的学习和借鉴，而究其根本是对COSO内部控制的沿用、继承，并从其背后的管理理论入手探讨了现有内部控制框架的缺陷和改进趋势。然后在此思想指导下，根据行政事业单位性质、工作目标等特征，提出行政事业单位内部控制的组织行为理论，进而将行政事业单位内部控制的"政治中心特色"和"激励引导特点"具体应用，基于交易成本经济学理论和政府管理半径理论视角，分析行政事业单位内部控制的本质特征：不仅要控制核心业务活动过程中可能发生的会计成本、经济成本，更应充分考虑该过程中可能占用、消耗、损失的社会成本；不仅要着眼于经济业务活动控制，更需要充分认识核心业务活动与经济业务的互动关系，将核心业务活动内部控制纳入行政事业单位内部控制框架体系中，与单位经济活动风险防控建设分别从公共行政权力和公共财产利益两个层面对行政事业单位的内部控制建设相互配合、支持，致力于帮助行政事业单位能够切实维护公共利益、提高行政效率、赢得民众的信任支持。

第4章，行政事业单位行政行为内部控制框架概念明晰。本部分针对行政单位和行政性事业单位行政行为内部控制的特殊性进行详细阐述，在前述理论框架下对行政单位和行政性事业单位的核心业务活动——行政行为内部控制框架的基本概念进行分析确定。基于广义内部控制的不同层次内容和内部控制发展历程对行政行为内部控制的内涵进行探讨，在此基础上分析确定行政行为内部控制的目标、主体范围、客体范围、主要原则及基本要素。

第5章，行政事业单位行政行为内部控制框架体系构建。在明确行政行为内部控制框架理论基础和相关概念的基础上，本部分主要将前述行政事业单位行政行为内部控制理念落实到行政事业单位各类行政行为上，基于内部控制目标和内部控制原则，对内部控制主体范围（行政单位及行政性事业单位）的控制客体范围（行政行为）的内部控制进行分类，确定四类行政行为内部控制模式：抽象行政行为内部控制模式、依职权具体行政行为内部控制模式、依申请具体行政行为内部控制模式、双方行政行为内部控制模式；进一步参考有关行政事业单位行政行为业务流程的法律、法规以及准则、规范，分析各类行政行为可能面临的主要风险，制定相应的控制制度体系、实施体系和评价体系。

第 6 章，针对县级行政事业单位的行政行为内部控制体系设计。本部分探讨的是行政事业单位行政行为内部控制基本要素及体系设计在现实县级行政事业单位的实际应用。之所以定位于县级行政事业单位，是因为考虑到县级政府行政行为执行效率在我国政治、经济、文化和社会发展建设进程中的重要性，以及县级行政事业单位行政行为执行环境中存在诸多内部控制薄弱环节，使得加强行政行为内部控制的必要性显著。通过对县级行政事业单位行政行为实施过程的实地调查，归纳、总结其行政行为风险点，以湖南省龙山县为例，设计、实施与其相适应的、具有可操作性的内部控制制度体系、实施体系以及评价体系。

第 7 章，研究结论与展望。基于前面的理论分析、框架设计及应用，本部分将主要的研究观点及结论进行概括、总结，希望能为我国行政事业单位行政行为内部控制规范设计提供一种可参考的通用模式，并进一步提出本书的局限性和对未来行政事业单位内部控制研究的展望。

作　者

2016 年 7 月

目录

1 导论

本章通过对选题背景的简要描述引出本书的主题——行政事业单位行政行为内部控制，阐述本书的理论价值与应用价值，在此基础上进一步介绍本书的研究目的、内容安排及创新观点。

1.1 行政事业单位行政行为内部控制的选题背景

随着我国改革开放水平的不断提高，市场经济体制日趋完善，经济取得突飞猛进的发展。与此同时，承担着提供公共管理与服务职能的行政事业单位，行政职能模糊、行政效能低下等诸多积弊逐渐成为国家、社会重点关注的议题。

1.1.1 行政事业单位内部控制的必要性

我国行政事业单位承担着管理国家、社会公共事务的重大职责，行政事业单位的业务活动内容基本上都属于关系国计民生的大事，行政事业单位的职能、属性及业务活动决定了其工作质量、效率和效果不仅牵系着全国人民的切身利益，维系着社会公众对于行政事业单位的信任，还影响着我国“全面建成小康社会、全面深化改革、全面依法治国、全面从严治党”的伟大实践和历史进程。

陈旧的行政管理模式严重影响着行政事业单位的有序发展、公共管理效率与公共服务质量，并有可能激化社会矛盾。作为政府公共服务供应链条上重要环节的行政事业单位，迫切需要转变职能、优化结构，深化行政管理体制改革，改进管理方式。我国行政管理体制改革的重要内容，是行政事业单位自身管理的改革与建设，而内部控制建设作为行政事业单位内部管理的重要组成部分，能切实改善行政管理水平，有效地减少和规避行政事业单位风险，提高行政管理运行效率和服务能力，保证行政事业单位更好地履行社会公共管理职能。由此可见，加强行政事业单位内部控制建设，是推进现有行政体制改革、提高公共管理效率、改善公共服务质量的客观需要。

党中央历来高度重视行政事业单位相关工作，大力推动行政管理相关改革。党的十六大、十七大提出深化行政管理体制改革，进一步转变政府职能，改进管理方式，建设服务型政府，降低行政成本，提高政府工作透明度与公信力等要求；十八大报告进一步明确指出要建设职能科学、结构优化、廉洁高效、人民满意的服务型政府，规范公共权力的运行，加强对行政权力的监督，把权力关进制度的笼子里。

2012 年 11 月 29 日，财政部发布《行政事业单位内部控制规范（试行）》，于 2014 年 1 月 1 日起正式施行，由此启动了行政事业单位内部控制建设这一系统工程，通过对行政事业单位情况深入调研、科学分析、系统归纳，针对我国行政事业单位组织和业务的实际情况讨论、制定出来的《行政事业单位内部控制规范（试行）》，无论在基本要素、控制目标、控制范围方面，还是在控制标准和执行评价机制方面都创新地体现着“中国特色”，对我国行政事业单位内部控制建设的推进有里程碑意义。这是我国行政事业单位内部管理规范化进程中的一个重大举措，在全国范围内掀起了开展行政事业单位内部控制建设的大潮。

2013 年 7 月 19 日，财政部专门组织召开了“行政事业单位内部控制规范实施动员视频会”，全面部署《行政事业单位内部控制规范（试行）》的具体实施工作。习近平总书记强调，要加强对权力运行的制约和监督，把权力关进制度的笼子里，形成不敢腐的惩戒机制、不能腐的防范机制、不易腐的保障机制。《行政事业单位内部控制规范（试行）》在单位内部权力制衡方面能够起到制度笼子的作用，减少自由裁量权的空间和余地，用制度来限制权力的滥用。

2013 年 12 月 5 日，教育部下发“关于做好《行政事业单位内部控制规范（试行）》实施工作的通知”（教财函〔2013〕142 号），要求“各省、自治区、直辖市教育厅（教委），各计划单列市教育局，新疆生产建设兵团教育局，部属各高等学校、各直属单位”充分认识实施内部控制规范的重要意义，把握实施内部控制规范的基本原则、主要任务和工作要求，指导、推动各教育行政事业单位进一步完善内部控制，提高内部管理水平。

2014 年 10 月 29 日，十八届四中全会审议通过了《中共中央关于全面推进依法治国若干重大问题的决定》，指出我国法治建设“同党和国家事业发展要求相比，同人民群众期待相比，同推进国家治理体系和治理能力现代化目标相比”还存在许多不适应、不符合的问题。其中，“立法工作中部门化倾向、争权诿责现象较为突出，有法不依、执法不严、违法不究现象比较严重，执法体制权责脱节、多头执法、选择性执法现象仍然存在，执法司法不规范、不严格、不透明、不文明现象较为突出，群众对执法司法不公和腐败问题反映强烈；一些国家工作人员特别是领导干部依法办事观念不强、能力不足，知法犯法、以言代法、以权压法、徇私枉法现象依然存在”。这些问题，从治国理政的角度说，基本上都可归结为广义的政府行为“失范”。“加强对政府内部权力的制约，是强化对行政权力制约的重点”。应特别强调“对财政资金分配使用、国有资产监管、政府投资、政府采购、公共资源转让、公共工程建设等权力集中的部门和岗位实行分事行权、分岗设权、分级授权，定期轮岗，强化内部流程控制，防止权力滥用”。因此，推动行政事业单位开展内部控制建设在一定程度上可以视为贯彻落实十八届四中全会精神的具体措施。在财政部学习贯彻十八届四中全会精神活动中，楼继伟部长深刻阐述了《关于全面推进依法治国若干重大问题的决定》关于行政机关内部控制的理论精髓，强调要“严格执行《财政部内部控制基本制度》，做到分事行权、分岗设权、分级授权，强化流程控制、依法合规运行的要求，着重防控法律、政策制定等八类风险，提高财政部依法行政、依法理财水平”。

2014 年 11 月 1 日，《财政部内部控制基本制度》正式实施；2015 年 2 月，财政部发布实施八个专项内部控制办法，要求部内司局和部属单位分别制定实施相应的内部控制操作规程。根据财政部工作计划，2015 年下半年，全国财政系统将全面启动内部控制建设工作。

1.1.2 行政事业单位内部控制的特殊性

企业内部控制的建设和实施主要基于内部发展要求和市场利润导向，而行政事业单位的根本性质与企业不同，其工作主要是管理社会公共事务、提供公共服务并且经济来源主要是依靠财政拨款，只需保持收支平衡而不需创造利润价值，因此其实施内部控制主要是为了更好地履行行政管理职能和实现其为社会服务的社会职能，实施内部控制的动力或压力主要来自单位之外的环境条件。这导致了行政事业单位内部控制的两大特殊性：

第一，开展行政事业单位内部控制研究具有非常重要的现实意义，然而经济活动并不是行政事业单位的核心业务活动，行政事业单位的核心业务活动应是由其法定职责的使命决定的——履行行政管理职能、提供公共管理服务，除此之外发生的任何其他业务活动（包括与公共财政资金流动有关的经济活动）都是履行该法定职责、维持单位正常运转、高质量完成其核心业务活动的配套活动。因此，为了维护公权力、提高履职效率和效果，行政事业单位内部控制不应局限于现有的经济活动控制，还应将控制客体范围扩展至其核心业务活动。

第二，行政事业单位是无偿为人民群众提供公共管理服务、不以盈利为目的的机构、组织，与企业内部控制的内部发展要求和市场利润导向相比，行政事业单位内部控制很容易流于表面，缺乏内部控制思维和意识；与此同时，对经济活动内部控制的高压要求和片面强调，在有效整治各类权力滥用、财务腐败、官僚行政问题的同时也有可能挫伤公务人员的积极性。因此，行政事业单位内部控制应当加强对其核心业务活动——行政行为的风险控制和效率关注，监督与激励并重，不仅要注重“防”和“堵”，防治、惩戒违规行为，还需要“引”和“疏”，优化行政行为程序和行政人员意识选择，着重培养积极向上的行政文化和社会责任感，使公务人员具备“廉洁奉公、恪尽职守、为人民服务”的行政服务意识。

值得注意的是，由于现代意义上的行政事业单位内部控制相关理论研究、实践经验都比较缺乏，作为我国推动开展行政事业单位内部控制建设的主要依据，《行政事业单位内部控制规范（试行）》无论是在实际操作层面还是理论研究层面，都面临着诸多问题。比如，《行政事业单位内部控制规范（试行）》的制定建立在借鉴美国《联邦政府内部控制准则》和我国企业内部控制建设经验的基础之上，具体表现就是现有规范对 COSO 内部控制框架的照抄照搬，并未充分考虑我国行政事业单位的组织特点、职能履行、组织目标。

然而，我国“行政事业单位内部控制”所赋予的内涵远远超过美国《联邦政府内部控制准则》、我国企业内部控制的范畴，需要解决的具体问题也复杂得多，以上述两个框架为主要依据，适当调整、改进而建立起来的“行政事业单位内部控制框架体系”必然不尽完善，存在诸多问题。比如，现行《行政事业单位内部控制规范（试行）》主要针对全国各级、各类行政事业单位共有的“同质化”经济活动，很少涉及甚至基本不涉及不同行政事业单位职能范围内的核心业务活动。从行政事业单位内部控制的理论体系看，我国行政事业单位与美国联邦政府、与我国各类企业性质不尽相同，控制目标、原则、方法、措施、理论依据等肯定存在相应的差异，但是这些方面的理论成果很少，对实际工作“应该怎么做”缺乏系统研究和科学指导。

1.2 行政事业单位行政行为内部控制的研究价值

在全党全国协调推进“四个全面”的历史背景下，开展行政事业单位内部控制的理论研究，特别是针对行政事业单位承担社会管理服务职能范围内核心业务活动（主要是各类行政行为）的内部控制研究，对进一步推进并完善行政事业单位内部控制建设、落实中央关于简政放权、依法行政、建立法治政府的政策具有重大意义，体现了当前时代特征，符合我国社会主义建设的需要。

本书的特色在于，溯源 COSO 内部控制框架的管理理论及进展，客观分析现有内部控制框架体系的不足，进而借鉴组织行为学、交易成本经济学相关理论，针对行政事业单位的组织特色与职能，以内部控制的不同层次目标为统领，对行政事业单位内部控制框架体系进行理论探讨并予以重构，将其核心业务活动（行政行为）纳入内部控制框架并针对其流程设计风险控制活动，其根本目标是关注并致力于改进行政事业单位的行政效率、提升其行政公信力和满意度。从我国理论界和实务界的实际情形分析，对行政事业单位行政行为内部控制的研究既具有理论价值，又具有实践应用价值。

1.2.1 行政事业单位行政行为内部控制研究的理论价值

综观我国关于行政事业单位内部控制的研究文献，多数研究主要借鉴企业内部控制框架和委托代理理论，从行政事业单位受托管理公共资源的特性着眼，引入公共受托责任和新公共管理等理论作为行政事业单位内部控制的理论基础。但是从整体上看，现有理论研究对于中国行政事业单位特征、工作内容和机制与前述借鉴对象的差异关注不够，这些差异导致不同主体适用的控制理论有何独特之处、如何构建中国特色行政事业单位内部控制基础理论等问题未能得到深入研究。本书从组织行为理论、交易成本经济学和政府管理半径理论视角分别对行政事业单位单位层面和业务层面的内部控制进行理论探讨，可能具有以下理论价值：

第一，借鉴组织行为理论探讨行政事业单位的特殊性和内部控制建设思路。本书在溯源 COSO 内部控制框架的管理理论后，突破管理过程学派对管理控制活动的认知局限，结合我国行政事业单位改革背景下行政单位和行政性事业单位所承担的公共行政管理职能，基于组织行为理论探讨行政事业单位内部控制。行政事业单位的属性和行为特征，决定了行政事业单位内部控制的“政治中心特色”和“激励引导特点”，行政事业单位内部控制不仅要关注行政行为内部控制，还应关注职工个体这一最富有能动性的因素，因为组织目标的实现最终取决于个人对核心业务职能的执行，因此设计行政事业单位内部控制需切实考虑行政事业单位职工适用的激励因素和行政文化引导因素。

第二，借鉴交易成本经济学理论和政府管理半径理论提出政府交易成本理论，对行政事业单位内部控制框架的扩展与重构予以理论支撑和指导。当前行政事业单位内部控制研究都没有跳出已有企业内部控制框架体系确立的控制对象范围，忽略了行政事业单位经济活动失控的根源在于核心业务活动程序的失控。因此，仍然寄希望于通过行政事业单位“同质化”经济活动层面的内部控制，来实现防范舞弊和预防腐败、提高公共服务效率和效果的宏大目标，显然是一个不可能完成的愿望。当前已有的行政事业单位内部控制领域的研究成果相对集中于行政事业单位的经济活动、经济交易、基本建设等领域，主要属于市场行为的范畴，而有关行政行为内部控制领域的文献极少。本书通过挖掘我国行政事业单位内部控制的本质特征，针对行政事业单位核心业务（行政行为）进行内部控制设计，扩展并重构了行政事业单位内部控制框架，丰富了行政事业单位内部控制领域的研究文献。

1.2.2 行政事业单位行政行为内部控制研究的应用价值

本书从我国行政管理体制改革背景着眼，对行政事业单位行政行为内部控制进行探讨，可能具有以下应用价值：

第一，本书在把握现有 COSO 内部控制框架思想的基础上，对现有的行政事业单位内部控制规范予以改进，提出行政行为内部控制的意义不仅在于内部控制全面性的体现，更是对原则导向内部控制在具体组织目标、职能履行中的作用机制更为深入的挖掘。

本书将行政事业单位业务活动划分为履行其法定职能所执行的核心业务活动（行政行为）和非核心业务活动（市场行为），扩充了行政事业单位内部控制的控制客体范围，有利于推动行政事业单位进一步全面完善内部控制建设、实现内部控制终极目标。本书强调的行政事业单位核心业务活动内部控制与《行政事业单位内部控制规范（试行）》强调建立的行政事业单位经济活动风险防控，共同构成行政事业单位的业务内部控制，可以促使行政事业单位更好地使用公共资源、维护公共利益、提高行政效率、防范和遏制贪腐事件、赢得人民群众的信任支持。

第二，本书充分体现我国事业单位分类改革的要求，将广义行政事业单位加以区分，有针对性地对行政单位及行政性事业单位的行政行为内部控制进行研究，符合当前我国政治体制改革的实践要求，有利于全面提升行政管理水平和行政效率。本书认为行政事业单位内部控制不应仅仅局限于所有事业单位适用的“通用性”需要，还应当考虑到承担不同社会职能的事业单位的管理体制差异，其中承担行政职能的事业单位或是逐步将其有关职能划归行政机构，或是整体转变为行政机构。因此，本书着眼于研究现行各类单位实施的行政行为的内部控制问题。本书的成果包括行政事业单位内部控制理论与框架重构、行政事业单位行政行为内部控制框架体系、行政事业单位行政行为内部控制建设范例三个部分，分属基本理论创新、基本理论运用和应用理论指导实践三个层面，可以为行政事业单位进一步推进内部控制建设提供可信赖的理论依据和可借鉴的操作指引。

第三，本书基于相关经济学管理学理论，探讨公共资源配置和政府行为优化问题，积极响应“依法治国、建立法治政府”的号召，致力于提升政府综合治理能力。本书针对行政单位和行政性事业单位的核心业务活动——行政行为的内部控制基本要素进行分析确定，并参考有关行政事业单位行政行为业务流程的法律、法规以及准则、规范，寻找各类行政行为业务风险共性并分析其行为流程中可能面临的主要问题及风险点，制定相应的控制制度体系、实施体系和评价体系，加强对政府内部权力的制约，强化对依法积极作为的激励，对贯彻落实十八届三中全会精神、推进国家治理体系和治理能力现代化具有积极意义。

1.3 本书的研究目的、思路与内容安排

1.3.1 研究目的与思路

本书属于问题导向研究。我国开展行政事业单位内部控制实践是当前形势所需，解决行政事业单位内部控制面临的问题，需要相应的理论支持和指导。因此，本书的研究目的是在回顾行政事业单位内部控制建设实践、整理相关理论研究文献的基础上，综合运用经济学、管理学、法学、会计学等学科知识，突破现有内部控制规范框架的认知局限，以我国行政事业单位及其业务活动特征为研究起点，结合我国行政事业单位改革进程，以行为激励、交易成本和政府管理半径理论为基础，重构行政事业单位内部控制理论框架，为我国后续进行行政事业单位内部控制学术研究、理论交流和实务发展提供一个新的研究视角和路径参考；同时结合我国事业单位分类改革现状以及《行政事业单位内部控制规范（试行）》现有内容，在行政事业单位内部控制整体框架指导下，为行政事业单位建立行政行为内部控制提供范例，以期推动行政事业单位防范各类风险、提高内部管理水平、增强治理能力、改善公共管理和服务效果。

本书是建立在行政法律法规框架下，借鉴经济学思维和内部控制思想解决行政事业单位行政管理效率问题的跨学科、跨领域研究，综合运用规范研究、实地调研和案例分析的方法，主要针对行政事业单位行政行为内部控制问题而进行的系统研究。具体而言，本书的研究思路是按照三个递进的层次展开的，如图 1-1 所示。

第一层次是行政事业单位内部控制的研究基础。以行政事业单位行政管理体制改革建设实践和现行《行政事业单位内部控制规范（试行）》的制定历程为线索，从行政事业单位的内部控制目标和职能互动关系入手，对行政事业单位内部控制的主体范围和客体范围进行探讨，为重构行政事业单位内部控制框架体系奠定基础，同时对行政事业单位存在的风险和内部控制本质特征进行剖析，发现和认识已有研究文献和实践的局限，为进一步对行政事业单位行政行为的研究提供线索。

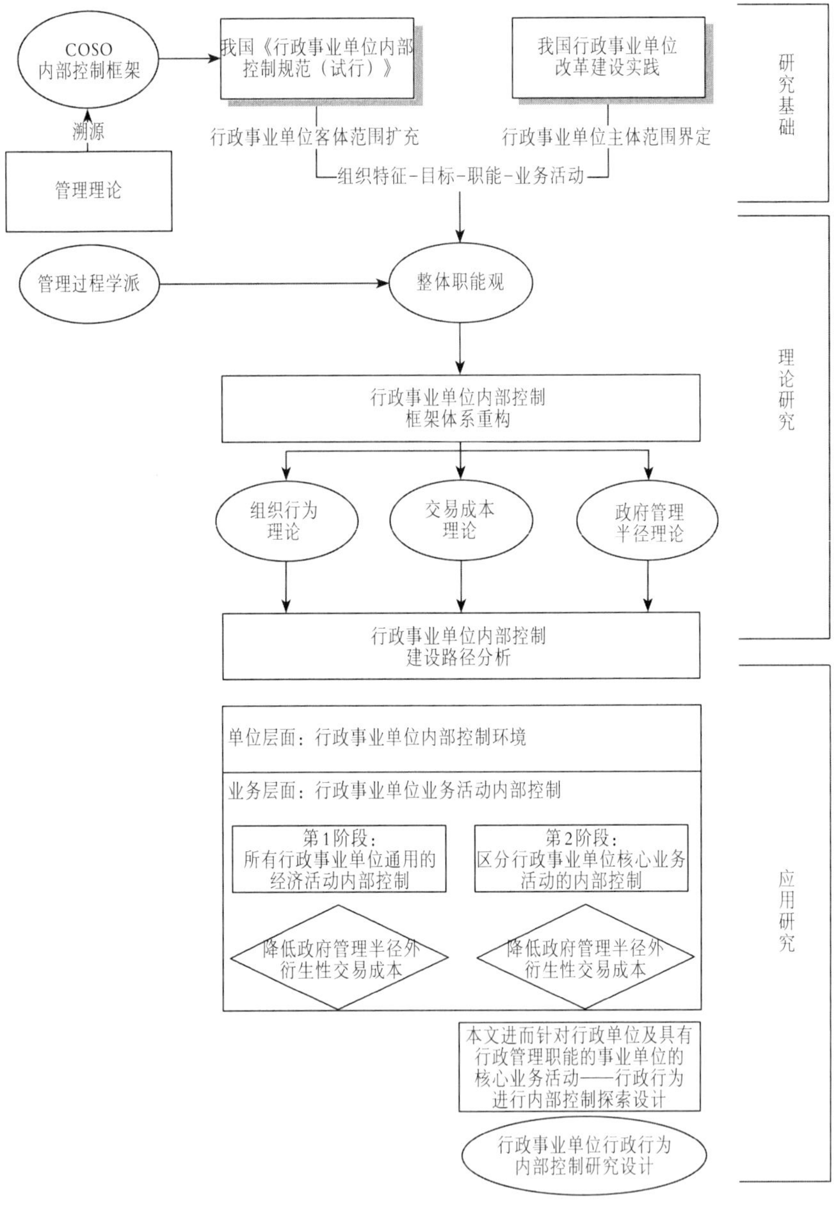

图 1-1 行政事业单位行政行为内部控制研究思路

第二层次是行政事业单位内部控制框架体系的理论研究。本层次在梳理行政事业单位内部控制实践和理论演进宝贵思想的基础上，发现现有 COSO 框架执行中的形式问题，并追根溯源到管理理论、管理过程学派和整体管理职能观的转变，以及管理学理论的认知局限，结合交易成本经济学理论、政府管理半径理论和内部控制理论，运用演绎法、归纳法等规范研究方法对行政事业单位内部控制理论框架体系进行探讨和重构。重构该理论框架的目的在于将各行政事业单位有差异的核心业务活动和无差异的经济活动同时纳入行政事业单位内部控制规范体系，为行政事业单位内部控制建设实践提供前瞻性指导，使得行政事业单位内部控制规范及其实施、评价活动能够真正实现提高行政效率和公信力的控制目标。

第三层次是行政事业单位行政行为内部控制的应用研究。本层次针对行政行为进行详细阐述，在前述框架体系下对行政单位和行政性事业单位的核心业务活动——行政行为的内部控制基本要素进行分析确定，并参考有关行政事业单位行政行为业务流程的法律、法规以及准则、规范，寻找业务风险共性并制定相应的控制制度体系、实施体系和评价体系；进而深入探讨行政行为内部控制的具体细节，对多个县级行政事业单位进行实地调查，归纳、设计适合行政事业单位行政行为的、具有可操作性的内部控制通用模式。本层次的目的在于一方面深化行政事业单位内部控制框架体系的理论逻辑性，另一方面展示行政行为内部控制理论的实践可行性。

1.3.2 本书的结构安排与创新观点

1）结构安排

基于上述研究思路，本书的内容安排除第 1 章为导论之外，其余篇幅共分为 6 章：

第 2 章为行政事业单位内部控制实践理论回顾及内涵界定。本章首先对与行政事业单位行政行为内部控制密切相关的若干概念及内涵进行辨析、界定，进而梳理、回顾了我国行政事业单位内部控制建设实践的历史发展过程，以探索我国行政事业单位内部控制规范建立的依据和现实考量；同时对行政事业单位内部控制相关研究文献进行评述，以归纳国内外研究存在的问题与局限性。通过对行政事业单位内部控制实践及研究的历史回顾与现状分析，明确需要通过理论溯源与研究重新构建一个行政事业单位内部控制的整体理论框架，将行政事业单位核心业务活动纳入框架内。

第3章为行政事业单位内部控制理论探讨与框架重构。本章在对现有行政事业单位内部控制框架追本溯源的基础上，明确其局限性，基于组织行为理论提出行政事业单位内部控制的组织行为理论，进而在分析现有行政事业单位内部控制框架的基础上，基于交易成本经济学理论和政府管理半径理论视角提出行政事业单位政府交易成本理论：不仅要控制核心业务活动过程中可能发生的会计成本、经济成本，更应充分考虑该过程中可能占用、消耗、损失的社会成本；不仅要着眼于经济业务活动控制，更需要充分认识核心业务活动与经济业务的互动关系，将核心业务活动内部控制纳入行政事业单位业务层面内部控制框架体系中，与单位经济活动风险防控建设分别从公共行政权力和公共财产利益两个层面对行政事业单位的内部控制建设相互配合、支持，致力于帮助行政事业单位能够切实维护公共利益、提高行政效率、赢得民众的信任支持。

第4章为行政事业单位行政行为内部控制框架概念明晰。本章在前两章的基础上，针对行政单位和行政性事业单位行政行为内部控制的特殊性进行详细阐述，在前述理论框架下对行政单位和行政性事业单位的核心业务活动——行政行为内部控制框架的基本概念进行分析确定，基于广义内部控制的不同层次内容和内部控制的发展历程对行政行为内部控制的内涵进行探讨，在此基础上分析确定行政行为内部控制的目标、主体范围、客体范围、主要原则及基本要素。

第5章为行政事业单位行政行为内部控制框架设计。在明确行政行为内部控制框架理论基础和相关概念的基础上，本章将前述行政事业单位行政行为内部控制理念落实到行政事业单位各类行政行为上，基于内部控制目标和内部控制原则，对内部控制主体范围（行政单位及行政性事业单位）的控制客体范围（行政行为）的内部控制进行分类，确定四类行政行为内部控制模式：抽象行政行为内部控制模式、依职权具体行政行为内部控制模式、依申请具体行政行为内部控制模式、双方行政行为内部控制模式；进一步参考有关行政事业单位行政行为业务流程的法律、法规以及准则、规范，分析各类行政行为可能面临的主要风险，制定相应的控制制度体系、实施体系和评价体系。

第 6 章为针对县级行政事业单位行政行为的内部控制体系设计。本章探讨的是行政事业单位行政行为内部控制基本要素及体系设计在现实县级行政事业单位的实际应用。之所以定位于县级行政事业单位，是因为考虑到县级政府行政行为执行效率在我国政治、经济、文化和社会发展建设进程中的重要性，以及县级行政事业单位行政行为执行环境中存在诸多内部控制薄弱环节，使得加强行政行为内部控制的必要性显著。通过对县级行政事业单位行政行为实施过程的实地调查，归纳、总结其行政行为风险点，以湖南省龙山县为例，设计、实施与其相适应的、具有可操作性的内部控制制度体系、实施体系以及评价体系。

第 7 章为研究结论与展望。基于前面的理论分析、框架设计及应用，本章对前文主要的研究观点及结论进行概括、总结，希望能为我国行政事业单位行政行为内部控制规范设计提供一种可参考的通用模式，并进一步提出本书的局限性和对未来行政事业单位内部控制研究的展望。

2）创新观点

依据研究目的和内容安排，本书在写作过程中主要解决的关键问题包括：第一，行政事业单位组织特征、职能、业务活动类型、内部控制目标与层次的互动关系分析；第二，行政事业单位内部控制的理论创新；第三，行政事业单位行政行为内部控制框架（基本要素）分析；第四，行政事业单位行政行为内部控制的思路和做法。

行政事业单位内部控制研究不是一个新问题，但是随着我国事业单位分类改革的进展变化以及对行政事业单位内部控制风险认识的深化，仅仅局限于经济活动的行政事业内部控制远远达不到行政管理体制改革的要求和目标，因此行政事业单位核心业务活动（行政行为）内部控制的提出为行政事业单位内部控制规范研究提供了新的改进思路和实践指导。本书在研究过程中，既吸收前人研究成果的精华，又力争有所创新。本书的学术创新主要体现在以下几个方面：

第一，结合我国事业单位分类改革的要求，将广义行政事业单位加以区分，有针对性地对行政事业单位内部控制主体范围进行区分。本书认为行政事业单位内部控制不应仅仅局限于所有事业单位适用的“通用性”需要，还应当考虑承担不同社会职能的事业单位管理体制差异，其中承担行政职能的事业单位逐步将其职能划归行政机构或转为行政机构，这类事业单位具有与行政单位同样执行行政行为的权力和职能，二者合起来是我国政府降低行政成本、提高行政效率改革的关键，也是增强政府公信力的着力点。

第二，充分掌握内部控制思想从管理过程学派到全面管理职能的过渡，在全面内控思想指导下分析了行政事业单位业务活动之间的互动关系，对行政事业单位内部控制客体范围进行扩充。本书将行政事业单位的业务活动划分为履行其法定职能所执行的核心业务活动（主要是行政行为）和因此必须发生的非核心业务活动（主要是市场行为）。行政事业单位内部控制的控制客体范围应该是行政事业单位在履行行政职能、实施行政行为过程中所发生的一切活动，不仅包括经济活动，也应包括由其法定职责使命决定的核心业务活动，特别是本书主要论述的行政行为活动。本书认为应当对行政事业单位内部控制框架体系进行扩充、重构，将行政事业单位内部控制的客体范围从“经济活动”扩大到所有“业务活动”，包含所有行政事业单位为履行其法定职能所执行的核心业务活动和因此而发生的经济活动。

第三，在对现有行政事业单位内部控制框架追本溯源、明确其局限性的基础上，本书基于组织行为理论、政府交易成本理论等重构了行政事业单位内部控制理论框架：不仅要控制核心业务活动过程中可能发生的会计成本、经济成本，更应充分考虑该过程中可能占用、消耗、损失的社会成本。另外，本书通过与政府管理半径理论的结合分析，明晰了行政事业单位内部控制建设路径：首先着眼于行政事业单位共有的一般性经济业务活动，致力于控制政府衍生性交易成本，特别是不合理、不合规的政府管理半径外衍生性交易成本；然后，针对行政事业单位的核心业务流程，设计相应风险防控措施以有效保障政府管理半径成本与政府管理效益的匹配，通过政府管理服务有效降低市场原生性交易成本；同时应注意行政事业单位行政文化培养及自我实现激励因素对于内部控制的关键作用。

第四，提出了行政事业单位行政行为内部控制基本要素及框架设计。本书针对行政单位和行政性事业单位行政行为的特殊性进行详细阐述，在前述框架体系下对行政单位和行政性事业单位的核心业务活动——行政行为内部控制的基本要素进行分析确定，并参考有关行政事业单位行政行为业务流程的法律、法规以及准则、规范，寻找各类行政行为业务风险共性并确定行政行为内部控制目标、主体范围、客体范围及控制原则，并将其落实到具体的各类行政行为上，分析其行为流程中可能面临的主要问题及风险点，制定相应的控制制度体系、实施体系和评价体系。

2 行政事业单位内部控制实践理论回顾及内涵界定

我国行政事业单位的存在由来已久，行政事业单位内部控制理论研究是因行政事业单位的产生而萌芽，同时伴随着行政事业单位实践的发展不断完善、成熟的。在我国依法治国进程不断加快、事业单位改革稳步推进的制度背景下，要进一步建立和完善行政事业单位内部控制框架体系、改进行政事业单位内部控制的效力和效果，首先应梳理行政事业单位内部控制的实践发展进程和理论研究脉络，本部分将对已有的相关研究进行综述、分析，在此基础上明确我国行政事业单位内部控制的内涵。

2.1 行政事业单位内部控制建设实践

理论源于实践并指导实践。根据问题导向研究的一般思路，研究行政事业单位内部控制问题，要立足行政事业单位内部控制建设的实践过程，正确把握当前和今后形势对这一实践的要求，结合现实问题、客观条件和理论依据，才能科学探索行政事业单位内部控制建设的内在规律。行政事业单位是我国行政管理、社会服务职能的具体实施载体的特殊称谓，国外通常将其称作政府部门或公共部门，为了与我国当前行政事业内部控制建设实践契合，内部控制建设实践回顾部分不对政府部门、公共部门予以具体细致的区分。

2.1.1 国外公共部门内部控制发展历程回顾

美国是国际上最早关注公共部门内部控制的国家，也是当今世界上公共部门内部控制最健全、最完善的国家。从 18 世纪 80 年代以来美国陆续出台了很多法律法规对公共部门的内部控制进行规范，通过研究发现美国公共部门内部控制的建立和健全几乎就是围绕立法而不断修正和完善的。因此，对于美国公共部门的内部控制可以按照立法的先后顺序分四个阶段进行论述。

1）萌芽期

美国公共部门内部控制的萌芽期应该是 18 世纪 80 年代末至 20 世纪 70 年代中期这段时间。这一时期发布的法律法规主要有：

1789 年，美国发布了《1789 法案》，这是有关美国内部控制的最早的立法，按照这一法案的要求，美国设立了财政部，并建立了公共部门集中的会计和报告系统。

美国于 1894 年发布了《多克瑞法案》，根据法案要求，美国国会简化了以前的联邦财务系统，设立了联邦审计长，实现了联邦政府财务管理实务的转变，同时要求建立账单和余额的控制系统，并改善国会拨款支出的报告。

1921 年，美国发布了《预算与会计法案》，该法案主要剥离了财政部原有的内部控制和有关督察的权责，设立了审计总署（简称 GAO），赋予新设的 GAO 有关内部控制和督察的权责，并赋予总审计长制定各项管理制度、系统程序的权力。

1950 年，美国发布了《预算与会计程序法案》，其主要目的是再一次尝试推动财务管理的计划和要求。该法案颁布前有关政府账册、支用经费和开立账目的制度由财政部长和主计长共同协商修正，而该法案具体规定主计长应在与财政部长和预算总局局长协商之后制定行政部门应遵守的会计原则、标准和有关要求。

同年，美国还发布了《会计与审计法案》，该法案要求联邦政府的主要部门和机构领导承担起内部控制及内部审计方面的责任，建立适当的内部控制系统并对其进行适当的维护。但从整体上看，由于缺乏系统性的内部审计指引，法案内容依然局限于财务事项审计，审计结果及审计意见并未得到应有重视，因此法案赋予政府部门机构的监督、检查政府内部控制的职责依旧没有实现。

2）发展期

20 世纪 70 年代后期至 90 年代之前的这段时间可以视作美国公共部门内部控制的发展期。这一时期，颁布的法律法规主要有：

1978 年，《督察长法案》提出联邦政府主要部门都应设立督察长办公室，联邦部门督察长要保持其独立性地位并履行相应调查权限，在提高政府行政效率、效果方面发挥积极作用，但是该法案并未明确地定义何谓内部控制。

1982 年，美国《联邦管理者财务廉洁法案》颁布，政府再次通过立法的方式规范内部控制，法案要求美国联邦政府机构遵循总审计长准则，并且充分、持续地评估并报告各个行政机构内部的会计控制系统和管理控制系统；授权 GAO 发布内部控制准则，明确要求行政机构提供内部控制报告，内容包括内部控制系统本身是否存在重大缺失、是否有相应的纠正计划。这部法案在美国政府内部控制发展史上具有里程碑意义，它直接催生了 1983 年审计总署《联邦政府内部控制准则》的颁布。

审计总署于 1983 年发布《联邦政府内部控制准则》。该准则在一般准则中就合理保证、积极态度、员工胜任、控制活动、控制程序技术这五个方面予以规范；在具体准则中对文件记录、交易事项的记录、授权与执行、权责分离、监督控制、资源的掌管与责任这六个方面予以规范。至此，美国政府内部控制制度框架已经基本形成。美国政府内部控制体系具体包括：A-123 号通告《管理层责任与控制》、《联邦管理机构财务诚信法案》和《联邦政府内部控制准则》。

1984 年，美国《单一审计法案》要求强化对政府机构联邦拨款资金的审计，并就其使用状况及相应控制有效性出具审计意见报告。此外，法案特别重视各级政府机构的内部会计控制和管理控制状况，并且将原来的联邦政府机构控制范围进一步扩大，涵盖接受联邦拨款的所有州及地方各级政府。

一系列旨在强化公共部门内部控制的法律法规颁布，虽然在一定程度上改善了公共部门内部控制的确认及报告，但是一些实际问题还是没有得到良好的改善。如审计总署 1985 年的评估报告中显示：一半以上的公共部门内部控制和会计系统不符合 GAO 的要求，会计处理、资产与债务管理、采购业务与资金管理、人力资源管理等方面的诸多问题有待进一步解决。

3）成熟期

20 世纪 90 年代可以说是美国公共部门内部控制的成熟期。这个时期颁布的法律法规超过了任何一个 10 年的数量。影响深远的法律法规主要有：

美国于 1990 年发布《首席财务官法案》，标志着联邦政府首席财务官（CFO）制度的形成，各联邦政府行政部门设立 CFO 负责财务会计与内部控制相结合的财务管理系统，并要求该系统遵守 OMB 颁布的有关财务管理制度，及时、准确地提供财务信息、提升财务报告质量，为进一步完善内部控制提供信息依据。

1993 年，美国发布《政府业绩与成果法案》，要求制定业绩导向型长期战略规划并赋予督察长内部控制督察职责，激励督察长不仅仅要查错防弊，还要注重经营业绩的提升和经营效益的改善，目标的战略性更强。

1994 年，美国发布《政府管理改革法案》，该法案主要的目的在于加强联邦政府 CFO 在提供完整准确的财务信息方面的责任。法案要求督察长就 CFO 提交的财务报告进行审计，扩充了 CFO 的财务职能。

1996 年，美国发布《联邦财务管理改进法案》，强化 CFO 更新和改善财务管理系统并提供真实可靠、一致可比的财务数据的责任，该法案的颁布和实施在一定程度上改善了联邦政府部门的财务管理并提升了内部控制的效率和效果。

综上所述，上述一系列法律法规的颁布和实施都在一定程度上通过完善财务长制度和督察长制度强化，改进了联邦政府内部控制的效果。

4）完善期

进入 21 世纪后，美国公共部门内部控制进入了法律法规的完善期。这一时期与公共部门内部控制有关的法律法规主要有：

1999 年，美国审计总署（GAO）在借鉴 COSO 框架的基础上，发布了基于风险和业绩导向的《联邦政府内部控制准则》。与 COSO《内部控制——整合框架》在内容和框架构成上趋同，在一定程度上可以看作公共部门立场的折中与协调。

2001 年，国际会计师联合会（IFAC）公共部门委员会发布《公共部门治理——管理层视角》，提出内部控制的思想精髓是政府机构治理的最佳典范，同时为各国政府提供了借鉴。

2002 年，美国国会颁布《萨班斯-奥克斯利法案》，这是继《证券法》《证券交易法》之后影响范围最为广泛、影响程度最为深刻的财务立法。《萨班斯-奥克斯利法案》对上市公司内部控制的有效性提出了更为严格的要求，要求上市公司披露财务报告，而且需要进行独立审计。同年，《不正当支付信息法案》颁布，要求评估并严格控制不正当支付可能产生的风险及影响，改进公共部门支付的内部控制。

暨 1995 年后，美国于 2004 年再次修订了 1981 年 OMB 发布的第 123 号通告《受托管理责任和控制》，即著名的《预算管理总局通告 A-123》，修订后的通告明确了管理层应承担的内部控制责任；提出新的内部控制评估要求及评估标准；具体设定了内部控制有效性评估的具体流程；整合并协调了内部控制评估。修订后的通告很好地借鉴了《萨班斯-奥克斯利法案》和 COSO 内部控制框架对管理层责任的相关规定，将 COSO 框架的概念和原则整合并入了通告的控制指南。总体来说，修订后的通告对联邦政府项目和部门产生了深刻的影响。同年，《公共部门内部控制准则指南》颁布，最高审计机关国际组织结合公共部门管理特点，充分吸收 COSO 发布的《企业风险管理——整合框架》最新风险管理理论的思想精髓，明确赋予政府新的职能——“风险评估”，并不断强调风险管理与内部控制对公共部门风险评估的重要性。

2005 年 7 月，《预算管理总局通告 A-123：管理层内部控制责任之执行指南：附录A财务报告内部控制》的发布，拓展了《预算管理总局通告A-123》中的内部控制评估程序，进一步详细地制定了评估程序的具体步骤：制订内部控制评估计划—整体内部控制评估—各业务流程的内部控制评估—各业务流程内部控制设计及执行有效性测试—内部控制评估结果、报告—提出下一步内部控制改进措施。

美国于2008年发布《督察长改革法案》，取消原有的公平与效率执行委员会和总统公平与效率委员会，设立督察长公平与效率委员会，通过增强督察长的独立性有效提高督察长的专业胜任能力和工作效率，同时对增进督察长之间的沟通协调也起到了很好的作用。

5）小结

纵观、梳理美国公共部门内部控制发展和完善的历程，美国联邦政府自1978年发布《督察长法案》到2008年发布《督察长改革法案》的30年中，成功地建立、健全了督察长制度和首席财务官制度。在预算管理总局的整体控制下，CFO制定财务管理制度及内部控制制度并负责具体运行，督察长则负责对运行实施审计督察，两者相互配合，构成了联邦政府部门的内部控制框架。通过梳理和研究美国公共部门内部控制的发展历程，可以认识到：①国家体制对公共部门内部控制具有重大影响；②内部控制的发展通常遵循“企业先行探索、公共部门后续借鉴跟进”的发展路径；③公共部门内部控制的发展和完善需要循序渐进的漫长过程，不可能一蹴而就。

除美国外，世界上其他国家和国际组织也在不断探索建立具有影响力的控制框架：加拿大建立了COCO框架；英国有综合守则；澳大利亚则通过公共部门内部控制进行风险管理；日本通过《公共财务法》《公共会计法》规定所有政府部门必须依据法定要求检查并控制本单位的财务与会计活动，进一步确定了公共部门财物与会计检查以及内部控制的重要性；荷兰和玻利维亚政府也于1990年分别通过《政府会计法》和《政府管理与控制法》，明确公共组织内部控制职能，以此构建公共组织内部控制体系，其中玻利维亚检察长公署还要求政府机构每年定期出具内部控制自我评价报告；冰岛则构建了以中央政府机构和各政府部门管理层为控制责任主体的内部控制体系。

另外，国际审计组织于1992年发布了《内部控制准则指南》，提出内部控制是政府责任体现的基础；于2004年进一步发布了《公共部门内部控制准则指南》，要求各成员国就内部控制基本概念形成共识。《公共部门内部控制准则指南》充分借鉴了COSO框架的思想成果以及美国《企业风险管理框架》。另外，国际会计师联合会公共部门委员会也于2001年发布了《公共部门治理——管理层视角》报告，这份报告充分突出了内控思想，为公共治理提供了最佳模版，报告中提出的“风险评估”后来成为《公共部门内控准则指南》中特别增加的内容，同时报告还具体提出了公共部门治理结构最关键的四个要素：行为规范、治理结构和程序、控制程序活动和对外报告。

2.1.2 我国行政事业单位内部控制建设实践概况

1）行政事业单位内部控制规范颁布状况

我国行政事业单位内部控制从来都是与行政事业单位相伴相生、共同发展的。与当前内控建设实践密切相关的实践可追溯到20世纪90年代。这一时期，我国主要通过制定法律、法规、部门规章等政策性文件对行政事业单位内部控制加以规范。

在法律层级上，体现对政府部门内部监督、会计及财务管理内部控制的有《中华人民共和国会计法》《中华人民共和国政府采购法》《中华人民共和国预算法》《中华人民共和国担保法》《中华人民共和国招标投标法》《中华人民共和国行政监察法》《中华人民共和国审计法》；在行政法规层级上则有《中华人民共和国预算法实施条例》《中华人民共和国行政监察法实施条例》《国务院关于加强预算外资金管理的决定》《关于全面推进政府采购制度改革意见的通知》《中华人民共和国审计法实施条例》《进一步加强财政管理意见的通知》《中华人民共和国税收征管法实施条例》等；在部门规章层级上，主要有《国家金库条例实施细则》《内部会计控制规范（试行）》《预算外资金实施管理办法》《财政总预算会计制度》《行政单位会计制度》《财政预算资金拨付管理暂行办法》《审计署关于内部审计的规定》。此外，中国内部审计协会从2003年6月起，也先后发布并执行了《内部控制审计准则》《风险管理审计准则》《遵循性审计准则》《内部审计的控制自我评估法》，具体规范了内部审计人员怎样审查和评价内部控制。2004 年，审计署颁布了《审计机构内部控制评价准则》，明确规定了审计机构如何既保证审计质量又准确评估被审计单位内部控制，该准则对行政事业单位建立、健全和完善内部控制具有积极的指导作用。

2006 年 7 月，我国企业内部控制标准委员会的成立标志着我国企业内部控制标准体系的构建正式启动。2008 年 6 月，财政部会同证监会、审计署、国资委、银监会、保监会等部门联合发布《企业内部控制基本规范》，后于 2010 年 4 月发布相应的《企业内部控制配套指引》。自此，既充分借鉴国际先进经验、又充分适应我国实际国情的企业内部控制规范体系初步形成。企业内部控制规范体系的建立，规范和加强了企业内部控制，同时也提高了企业防范风险的能力以及企业的经营管理水平，这对于维护社会主义市场经济秩序、促进企业可持续发展和提高社会公众利益起到了重要作用。但至 2012 年 11 月 29 日前，我国仍然没有正式出台一套完善的、科学的内部控制规范对行政事业单位的内控工作进行指导。但不可否认的是，企业内部控制体系的建立无疑在一定程度增强了行政事业单位内部控制的关注度与重视度，为进一步建立、完善行政事业单位内部控制体系提供重要的借鉴和示范意义。

2010 年年末，财政部部长谢旭人在全国财政工作会议财政工作报告中第一次提出“加强行政事业单位的内部控制建设”，财政部于 2011 年拟定《行政事业单位内部控制规范（征求意见稿）》，广泛征求关于行政事业单位内部控制的意见与建议。2012 年 11 月 29 日财政部发布、2014 年 1 月 1 日起正式施行的《行政事业单位内部控制规范（试行）》，不仅仅是行政事业单位内部管理规范化发展过程中极其关键的一步，同时也是对十八大和十八届三中全会“创新行政管理方式，提高政府公信力和执行力，推进政府绩效管理、建设廉洁高效政府”号召的积极响应。《行政事业单位内部控制规范（试行）》通过制定相应具体制度、明确各项实施措施和执行程序，对行政事业单位各项经济活动风险进行全面而有重点的防范与管控，其明确主要经济业务活动内部控制包括：预算管理内部控制、资产管理内部控制、收支管理内部控制、政府采购内部控制、建设项目内部控制以及合同管理内部控制等。《行政事业单位内部控制规范（试行）》规定行政事业单位负责人对建立适合本单位实际情况的内部控制全方位负责，并依据我国现阶段行政事业单位组织结构和经济活动的特点，在内部管理机制中嵌入制衡机制，这在提高内部管理制度的执行力方面起到了重要作用。

2）行政事业单位内部控制的实施现状

尽管我国行政事业单位内部控制已有一定法律规范的支持，上述法律法规、规章制度的制定和执行基于不同角度、按照不同层次对行政事业单位内部控制进行规范和要求，对我国行政事业单位内部控制体系的建立、发展起到促进作用，但这些要求也在一定程度上暴露我国立法机构对行政事业单位本质和行政事业单位内部控制建设特殊性认识的不足，内部控制仅仅停留在会计控制层面上，仅仅强调经济活动的监督和会计程序制约控制，而没有明确全面风险管理的概念和意识，进而导致在实际执行中存在执行力度不足的问题。行政事业单位仍旧习惯性地把内部控制规范当作上级下发的制度规定，实施场面铺排得很大、声势造得很足，但在内部控制制度修正频率较低、实际可操作性不足、缺乏评价和监控机制，对新问题和漏洞无法防范和规避，因此行政事业单位内部控制制度的实际执行不彻底。

我国行政事业单位内部控制的构建和完善是一个综合的系统工程，需要各级部门协同共进、政策制度同步并举，而系统工程建立的前提是需要对行政事业单位内部控制有全面而深刻的认识。财政部已发布的《行政事业单位内部控制规范（试行）》只考虑了行政事业单位日常发生的经济活动，且大多停留在内部会计控制层面上。事实上，相比企业而言，行政事业单位是通过提供“公共物品”为社会公众服务，而不是以盈利为目的的。所以从行政事业单位的目标可以看出，行政事业单位的经济活动并不是其核心业务，其核心业务应是由其法定职责使命决定的，应该是具有行政行为的业务活动。例如，一些行政事业单位的重大课题招标、长江学者两院院士等的评选，虽然不是经济活动，但是其影响之深远、带来的经济后果之严重难道不应该成为《行政事业单位内部控制规范（试行）》的控制对象吗？同时，课题招标、人才评选等工作的组织过程、性质等与建设项目招标也有类似之处，甚至司法机关的审判活动，同样可能产生错弊和贪腐现象，为什么要排除在《行政事业单位内部控制规范（试行）》的对象之外？所以《行政事业单位内部控制规范（试行）》还有待完善，我国有关行政事业单位内部控制还有待完善。综上所述，作为管理公共事务的行政事业单位，应关注单位核心业务层面的内部控制。

2.2 行政事业单位内部控制理论研究

2.2.1 国外政府部门内部控制相关研究

Points，Ronald，Michel 等人（1983）指出，联邦政府颁布《联邦管理人员财务诚信法》，要求行政机关负责人就单位内部控制进行年度评估、向总统和国会出具年度报告；同时还提出了评价内部控制的标准，主要包括：①一般内部控制标准，②涉及具体内部控制目标的特定标准，③涉及管理层责任及审计意见的审计决议标准。

20 世纪 90 年代，Osborne 等人在《重塑政府》中将“企业家政府”理论的精华移植、运用于政府管理实践，借鉴“企业家精神”变革政府管理机制及政府治理模式，改善、重塑政府形象。后来，他还专门提出了传统政府改革的十条原则：政府应由划桨转换为掌舵；不一定事必躬亲但必须妥善授权；引入竞争机制；应该注重目标使命；相比投入应该更重视产出；具备“顾客意识”；不收费但有收益；重在预防而不是治疗；重视参与协作的分权模式而非层级节制的集权模式；相比之下，不能依靠行政指令控制而应该重视市场机制调节。该理论一出现即在西方国家尤其是在美国产生了重大影响。其中，1994 年克林顿政府就掀起了以“企业家理论”为指导改革政府的浪潮。虽然该理论后来也遭到了一些学者的批评，但不可否认的是，他提出了政府改革的方向，即如果政府部门学习企业，由相关管理层负责建设、评估和报告内部控制，这样能在一定程度上改善行政事业单位内部控制“重建设、轻执行”的局面；同时也指出了政府之所以未能有效运作，其根本原因在于体制，认为单纯的行政指令具有不可协调的弱点，进行公共管理时应注重行政指令和市场机制的结合。

Kidera，David，Fletcher 等人（1991）于 1990 年通过对美国 50 个州进行调查后发现有 14 个州已经建立了内部控制程序，而且这些程序在建立元素方面有一定的共同点。调查还发现，实施的这些内部控制给政府在 5 个具体方面提供了强有力的支持，具体包括：①保障所提供的数据及信息准确、可靠；②建立、健全相关法律、法规；③合理授权，保障财务资源和其他资产使用的正当性；④适当开展代理活动并进行相应授权；⑤合理使用资源。

Fletcher 和 Stephen（1993）介绍了纽约州政府采用专门方法审查政府内部控制，该方法具体分为 4 步：①识别控制目标和具体控制计划；②对违规行为和可能造成的后果进行评估；③对内部控制设计及执行予以审查；④对内部控制设计与执行的不足与缺陷予以纠正。

Kraines 和 Judith（1999）提到，一些不良行为可能给企业带来打击，企业也有可能存在无法承受的风险，与企业不同，政府并不存在竞争对手，并且其经营行为的资金保障来自强制性国家财政收入，因此，政府本身缺乏对内部控制建设的需求和动力。

Bowerman，Hawksworth 和 Shirley（1999）也采用问卷调查的方式对地方政府高级内部审计人员进行了调查，调查内容主要包括对国家审计署报告的认识、功能最大化前提下的建议等，调查结果提出需要对内外部审计关系进行重新定位，同时还提出要强化外部监管的作用。

Sinason，David，Hillison 等人（2001）提出：近年来，政府因为欺诈行为的不断出现已经花费了数十亿美元，为了减少欺诈行为的发生，政府发布了审计准则第 82 号，在强调内部审计人员责任的同时，也提醒政府采取更为积极的措施加强管理，以提高政府预防和侦察欺诈行为的能力。

Friedberg，Asher，Lutrin 等人（2001）提到内部审计对于政府是必不可少的，它可以确保政府提供服务的有效性，同时应鼓励问责制。文章具体论述了内部审计的重要性，并且实践证明在强调内部审计的过程中，当地政府发挥了越来越重要的作用。不过文章也阐述了内部审计对于当地政府来说虽然很重要，可以节省纳税人的钱，但是对内部审计的资源分配并没有任何助益。

Graves，Sharron，Bill 等人（2003）提出将自我控制评估技术（简称 CSA）作为公司审计策略的重要部分。目前广泛采用的 CSA 技术方法主要有问卷调查、管理过程分析和推动团队会议这三种，该技术方法的最大优势在于通过参与事件全过程、各单元来改进内部控制环境。

Carney（2009）通过《联邦政府内部控制》详细介绍了以 COSO 框架为基础的政府内部控制研究现状，并详细论述了美国政府充分借鉴已有的企业内部控制框架规范来建立、完善政府内部控制的探索经验。

另外，Lopez 等学者还研究了执行主体多元化的政府部门内部控制。其中，Lopez（2006）提出：行政机关的机构及运作日益复杂化，这使得法院和议会越来越没办法对其进行有效控制，因此，强调行政机关的自我控制尤为重要。

Reginato，Elisabetta，Paglietti 等人（2011）通过建立一套内部控制的模型和工具，对意大利地方政府有关财政管理改革中具有代表性的样本进行调查，以评估他们如何被使用、是否被采纳。研究结果表明影响内部控制改革成效的不仅包括社会经济环境，还与被调查样本的大小、样本结构以及模型的使用息息相关。

Calderon，Thomas，Garber 等人（2012）提到，地方政府应该加强对政府的了解，随时准备应对和缓解他们所面临的风险，这样才能保持财政健全。由于人力、资金、交易等都具有很大的规模，服务区域面积大，种群具有多样性，因此，大型政府机构本身很复杂，但是这并不代表风险更大。通过 2009 年对 127 个各种类型的政府进行审计后发现，各类政府所面临的风险有一定的差异，也有一定的相似性，但是与规模大小关系不大。同时，通过对面临的这些风险的了解，可以很好地促进地方政府财政运行的健全。

研究也发现，国外学者对于行政事业单位内部控制的研究起步早于国内学者，而且国外学者对于内部控制的研究已经广泛涉及经济学、会计学、审计学、管理学、信息科技学等领域的理论，提出了一些诸如“企业家政府”等独到的理论，而且从实务的角度总结出很多有价值的结论，例如，内部控制对政府具有积极作用；社会环境和体制结构会影响内部控制的效果；应强调行政机关的自我控制；要重塑内外部审计的关系；要求行政事业单位在对外提供的财务报告信息中增加对管理信息等相关信息的披露等。这在一定程度上给各国政府部门内部控制的建设提出了一些建议，同时也为我国行政事业单位改革以及行政行为的内部控制理论研究和实践提供了借鉴。

2.2.2 我国行政事业单位内部控制理论研究

相对于较为丰富的我国企业内部控制研究和国外公共部门内部控制研究，我国行政事业单位内部控制研究呈现“起步晚、研究成果远远不够”的现状。

截至 2015 年 4 月 23 日，在中国知网数据库中以篇名为“行政事业单位内部控制”进行搜索，结果只有 2 059 条，而且大部分集中在 2009 年以后；以“内部控制”为关键词在国家图书馆中文馆藏文献中进行搜索，结果约 90 000 条，但有关行政事业单位的仅有 830 条，只占 0.92%。有关行政事业单位内部控制的文献不仅数量少，而且大多发表在省级刊物（包括不少学报）上，研究本身的质量不够，研究成果的学术价值和实践借鉴意义不大。

在这些为数不多的文献中，比较有代表性的观点大致可以分为以下几类：

1）从概念的角度探讨行政事业单位部门内部控制

罗飞（2003）认为，财政部门内部控制是指财政部门为最大限度实现国家财政目标、建立一定控制制度和程序、监督和控制财政收支活动而建立的管理机制。

何振一（2005）认为，从性质上说，财政内部控制是政府执行财政管理职能部门的自我监督，它要求财政内部控制应该贯穿财政管理运行的全过程，既要涵盖财政业务管理活动，又要涵盖一般管理活动，这样才能有效地对财政内部进行监督，不留任何纰漏，最大限度地发挥财政内部控制的效力。

两位作者都给出了有关财政内部控制的定义，但是各有不同。罗飞给出的定义与《行政事业单位内部控制规范（试行）》中对行政事业单位内部控制的对象定义基本一致，但是何振一强调财政内部监督活动的特殊性，决定了其定义的财政内部控制既要内在于财政分配实际运行之中，又要外在于财政收支的业务管理活动，并认为只有使财政内部监督运行处于这种状态，才能做到“财政分配权利走到哪里，监督就跟到哪里”。

2）从借鉴国外经验的角度，探讨我国行政事业单位内部控制建设

王光远（2006）指出目前我国政府部门在内部控制建设过程中存在以下问题：控制理念错误、忽视风险评估、忽视自律而过分重视他律、内外部监督不匹配、没有形成平行的多元控制合力等，要想有效建立我国政府部门内部控制，可以借鉴美国的财务长和督察长制度。

刘秋明（2006）深入探究了政府的公共受托责任、政府部门内部控制以及现代化公共治理这三者之间的紧密关系，研究了美国联邦政府机构内部控制准则及其内部控制的内涵，指出完善政府部门内部控制的重要途径之一就是业绩审计。

徐永胜和徐揆（2007）、胡继荣和包玉婷（2008）等分别介绍了其他国家加强政府部门内部控制的相应进展情况和一些具体实践，为我国开展和施行行政事业单位内部控制建设提供了有益的借鉴。

刘玉廷、王宏（2008）依次从准则层面、立法层面以及具体实践层面梳理了美国政府部门内部控制的建设历程及发展特点，提出了政府部门内部控制的建设发展是长期的、循序渐进的过程，以及美国实践证明开展内部控制建设一般都是企业先行、政府部门适时跟进等观点。

张龙平、陈作习、宋浩（2009）分别研究了我国行政事业单位的内部控制现状以及美国政府内部控制发展历程，并在此基础上提出了制定和实施内部控制制度和内部审计相关准则时，应该重点关注以下问题：如何确定内部控制的范围；内部控制审计主体需具备怎样的资格；如何整合内部控制审计和财务报表审计；内部控制审计与查错防弊之间的相互作用机制；如何有效解决审计师审计的成本-效益最大化追求等。

张国清、李建发（2009）认为成功实施公共财务管理的关键是建立合理而有效的政府内部控制，而政府内部控制的建立也是公共受托责任

的基础。我国目前政府部门内部控制问题很多，如审计机关独立性不强，内部控制执行缺位、不到位等。他们还提出可以从完善政府部门内部控制法律法规体系着手，进一步明确并强化政府管理部门在内部控制方面应承担的责任。

3）政府部门内部控制体系框架的构建

王宏（2008）认为，我国政府内部控制标准的基本框架结构与企业内部控制标准框架结构应当保持一致；应当把有利于降低行政风险作为政府内部控制标准的组成项目和内容；应当逐步引入国家审计机关对政府部门财务报告内部控制的评价制度和预算执行制度；政府部门内部审计应当逐步由重财务审计转变为财务审计与内部控制并重。关于行政事业单位内部控制标准建设问题，王宏提出应将财务报告内部控制作为重点环节，在抓好宣传教育的同时，将财务报告内部控制作为行政事业单位内部控制标准建设的突破口逐步推进。

陈珊（2008）在分析我国政府部门内部控制建设现状的基础上提出：应设立内部审计机构，并在自我评价的基础上进一步建立和完善政府部门内部控制体系。

董小红（2008）则对我国政府部门内部控制的具体要素、目标、主体和客体、原则进行了具体的探讨和阐述。

田志刚（2009）借鉴COSO内部控制五要素对地方财政部门如何有效地建立内部控制框架提出建议：建立和健全地方财政内部控制体系应从部门设置及管理、地方财政预算，以及财政收入支出等方面入手。

卢成龙（2010）在《关于构建政府内部控制系统的比较与思考》中提出了，构建政府部门内部控制系统应以洛克的国家理论为基础，从经济学的角度入手。

刘光忠（2011）在其博士学位论文中以政府部门内部控制构建与实施为核心论题，以构建内部控制定义集合的新思路，重新定义、确定政府部门内部控制框架概念，还为政府部门内部控制构建与实施搭建了一个基本框架。在实施过程中，提出实施政府部门内部控制应把内部环境、信息与沟通作为条件，把目标确定、风险识别、风险评估、控制活动作为实施的主要流程，探讨了我国政府部门的控制活动，提供了实施政府部门内部控制的路径和具体的方法。

刘永泽、张亮（2012）对我国政府部门的范围进行了界定，在此基础上构建了以政府部门内部控制的概念、目标、原则和要素为核心的内部控制体系，并结合政府部门特点建立以国家立法为保障、信息披露为关键、内部和外部审计为辅助的内部控制实施机制。

蔡志刚（2012）认为控制目标反映了对行政事业单位主要经济业务活动的控制，但并没有反映对其有关行政、业务管理活动的控制。还有不少人认为应以优化公共服务为目标来设计和建设内部控制制度，因为行政事业单位主要目标就是为广大人民群众提供公共服务。

刘国强（2013）认为虽然《行政事业单位内部控制规范（试行）》将防范错弊和贪腐、提高公共服务效率和效果列入控制目标，但是，由于将内部控制活动的对象限定为“经济活动”，使得大量行政事业单位的核心业务，例如人事活动、审判活动等等，都被排除在内控范围之外，提高公共服务的效率和效果无从谈起。因此，理想的内控目标应该解除“经济活动”的限制，扩大到“业务活动”的层面，从而将最大限度地实现行政事业单位的职能作用、高质量地完成行政事业单位的工作任务作为内控目标。

4）从内部审计的角度探讨行政事业单位内部控制

2006 年，国家审计署科研所在《审计研究报告》中提出：加强我国政府部门内部控制建设是顺应当前全球政府部门内部控制发展的潮流与趋势，即①责任刚性化；②责任主体多元化；③应用领域和评价范围扩大化；④评价标准体系化；⑤评价重点化；⑥对内部控制及测评的研究应该责任化和风险化等等。目前，我国政府部门内部控制建设存在较多问题：内部控制立法意识缺乏，相应法律、法规支持与指引不足；政府机关缺乏现代内部控制理念和认知；政府部门内部控制执行缺乏主观动力等。要建立、健全我国政府部门内部控制首先必须完善立法，以此强化政府职权管控意识；重点关注中国政府部门内部控制制度的特殊性；优化政府部门内部控制环境，培养积极行政文化；强调内部审计机构在有效实施内部控制过程中的作用；最后应制定相关的内部控制评价标准和评价规范。《审计研究报告》还提出了我国应在借鉴国际经验的基础上，结合我国实际情况，以法律和制度形式对公共部门内部控制进行硬性约束，注重信息技术环境下的环节控制，开展公共部门内部控制的环境风险审计调查及测评等。

何瑞雄（2007）认为，组织的内部控制或是效率导向，或是公平导向，或是两者并重，总之是有价值取向的，而公共部门内部控制经历了效率导向、公平导向和效率导向的发展，基于公平与效率的视角，强化对公共部门组织结构、人力资源和绩效考核这三个方面进行重点审查是政府管理审计的重中之重，其目标就是要确认这三者是否实现了公平和效率。

刘力云（2007）认为，我国政府部门内部控制现状十分薄弱。根据近几年审计署和各省审计机关预算执行情况的审计结果，政府部门违法、违纪问题频发，并且问题的内容、形式都十分相似，其主要原因在于与企业相比，政府部门严重缺乏对财务资金严格依法进行管理和控制的意识，内部控制不健全、失效使得政府部门内部制约机制和监督检查机制相继发挥失效，其中当然也有国家宏观财政管理体制和机制方面存在的问题。

郑素芬（2010）认为，推动审计活动高质、高效地顺利进行必须首先完善政府内部控制框架中的五要素；审计活动的有效开展反过来可以促进政府部门自身业务的完善，也可以有效弥补内部控制建设中的漏洞和不足。

5）从其他角度探讨内部控制

陈丽芳（2005）、孙娜（2008）、卢护锋（2009）从行政法学的角度探讨了自由裁量权的内部控制。其中陈丽芳提出为防止行政自由裁量权的自身膨胀，应建立对行政规范性文件的备案审查制度；同时为明确考量自由裁量权是否合理运行，应在行政主体内部建立评价制度；还提出为了加强对行政裁量权的约束，应建立损害赔偿制度。

魏皓琼等人（2004），Bannister 等人（2005），卢传锋（2008）和李茗洁（2009）等结合自身的工作单位特点，分别对农业部门、财政部门、政府采购、工商管理部门等单位的内部控制进行了探讨，并且对于这些单位内部控制建设中存在的问题提出了自己的改进意见和建议。

程晓陵、王怀明（2008）基于公共部门内部控制理论对某交通厅内发生的多起腐败案件进行了分析，提出在交通行政管理部门应构建和实施内部控制的建议。

纵观近年来国内有关行政事业单位内部控制的文献，基本上是从概念角度、借鉴国外先进经验的角度、内部审计的角度以及构建内部控制框架的角度进行分析研究的，都在不同程度上取得了一些成果。但总体来看，这些文献都是围绕行政事业单位的一般经济业务活动进行研究，虽然也有部分学者在研究目标中提及基于行政行为的核心业务活动，但是真正具体而全方位地研究行政事业单位内部控制的文献很少，具体而深入地研究行政事业单位核心业务行为内部控制的文献几乎没有，因此需要进一步拓展行政事业单位内部控制的研究视角和方向。

2.3 行政事业单位内部控制的内涵界定

在梳理行政事业单位内部控制的相关实践发展进程和理论研究脉络的基础上，本文将进一步明确界定我国行政事业单位内部控制的内涵。

2.3.1 内部控制主体范围：行政事业单位范畴界定

行政单位指各级政府下辖的职能部门，有广义和狭义之分。广义上的行政单位范围非常广，构成比较复杂，包括行政、党、团机关等各种行政类机构，而狭义的行政单位仅指政府部门。事业单位则是我国的一种特殊组织类型，隶属于非营利部门，主要包括行政性事业单位、公益性事业单位和经营性事业单位三种。

行政事业单位是我国多年沿袭下来的习惯提法，通常可以有两种理解：一是行政单位与事业单位的统称（可以说是广义的行政事业单位），在我国特殊政治体制下许多部门有时归入行政单位、有时归入事业单位，因此为简便统称其为行政事业单位；二是代指具有行政管理职能的事业单位（也就是我们平时所说的狭义的行政事业单位），其履行的是一些社会管理职能及一些执法监督职能。而《行政事业单位内部控制规范（试行）》中将行政事业单位界定为各级党政机关、团体和事业单位（王鹏，2013）。可见，对于行政事业单位的范畴尚无一致的认识，因此本书在此对所研究的行政事业单位进行界定。

1）行政单位

根据《中华人民共和国宪法》和《中华人民共和国地方各级人民代表大会和地方各级人民政府组织法》的相关规定，行政单位主要包括国务院、省、市和县级的各级政府下辖的相关行政机关，是政府职能的实际承担组织，如财政部、交通运输部、发改委、民政部、人力资源和社会保障部、卫生部等。但通常我们讲的行政单位是依据《中华人民共和国公务员法》的实施范围来确定的，其实施范围包括各级人民代表大会及其常务委员会机关、中国共产党机关、行政机关、中国人民政治协商会议委员会机关、检察机关、审批机关和各民主党派机关，这七大机关都可以称为行政单位。

2）事业单位及事业单位分类改革

事业单位是我国特有的一种社会服务组织。根据我国《事业单位登记管理暂行条例》的规定：事业单位主要是由国家机关举办的、国家财政支持的、致力于提高社会公共服务水平和质量的组织机构。

事业单位的特点有：①依法设立。必须依法经过审批机关批准、登记设立。②公益性。事业单位所提供的服务是涉及人民群众公共利益的。③不以营利为目的。事业单位通常不进行生产经营活动，审批等业务服务活动取得的小部分收入只得用于自身发展，不得用于职工福利或者其他消费，单位资金支持主要来自财政拨款。④社会组织。相比个人来说，事业单位是组织机构，因此有自己的名称、场所，有从业人员和固定的经费来源，能够独立承担法律责任。

然而社会的不断进步对社会事业发展提出新的要求，但我国事业单位发展较为滞后，功能定位不清晰；提供的公益服务方式单一，总量不足，质量和效率不高，资源配置不合理；监督管理相对比较薄弱，配套的支持政策措施还不够完善；甚至有的事业单位偏离了公共服务机构的基本价值取向，而热衷于对部门利益和个人利益的追求。这些问题都大大影响了公益事业的健康发展，因此建议通过分类改革加以解决。

2012 年 4 月 16 日，国务院发布《关于分类推进事业单位改革的指导意见》，正式拉开事业单位分类改革大幕，依照事业单位的不同特征和承担的社会功能，将现有事业单位分成三大类：承担行政职能的行政性事业单位、从事生产经营活动的经营性事业单位和从事公益服务的公益性事业单位。具体如下：

（1）承担行政职能的行政性事业单位，应进一步划归或转为行政机构。承担行政职能的事业单位按照以下三条标准予以认定：①承担行政职能，行使行政审批、行政处罚、行政征收等行政职权；②相应行政职能必须具有法律法规、政策依据；③部门所属事业单位承担行政职能，必须经法律法规、政策明确授权。

（2）从事生产经营活动的经营性事业单位，应进一步转为企业。从事生产经营活动的事业单位的认定标准如下：①从事生产经营业务且以盈利为目的；②提供的产品、服务并非是政府所必须提供的，可以在市场中取得。

（3）从事公益服务的公益性事业单位，应进一步强化其公益性，可继续保留为事业单位。其中，面向社会提供基本公益服务或仅为机关行使职能提供支持保障，并且不能或不宜由市场配置资源的，划分为公益一类；面向社会提供公益服务或主要为机关行使职能提供支持保障，可面向社会提供与主业相关的服务，依法获得服务收益，并且可部分由市场配置资源的，划分为公益二类；具有一定的公益属性，并且在国家政策支持下可以通过市场配置资源的，划分为公益三类。

3）行政事业单位范畴

现行《行政事业单位内部控制规范（试行）》针对的是广义的行政单位和一般意义上的事业单位，没有按行政单位和事业单位的区别分别制定和执行不同规范；同时，《行政事业单位内部控制规范（试行）》指出：在事业单位分类改革完成之前，我国所有的事业单位都应执行该规范，但是纳入企业财务管理体系的事业单位和附属独立核算的生产经营事业单位不执行。随着事业单位分类改革进程不断推进，事业单位不同的管理模式和社会职能会进一步影响其内部控制执行标准，因此有必要前瞻性地考虑事业单位内部差异以及业务活动特殊性，并针对该特点进行内部控制体系设计。

紧紧围绕内部控制的研究主题，本书认为：从事生产经营活动的事业单位逐步转为企业，便可遵循我国企业内部控制规范体系要求对其业务活动进行风险控制；从事公益服务的事业单位，应当参照国内外民间非营利组织业务活动内部控制程序和标准建立与其公益属性相适应的内部控制规范；而承担行政职能的行政性事业单位将逐步划归或转为行政机构，这类事业单位具有与行政单位同样执行行政行为的权力和职能，二者合起来是我国政府降低行政成本、提高行政效率改革的关键，也是增强政府公信力的着力点。

因此，结合我国事业单位分类改革背景和我国行政单位、行政性事业单位的特殊性，鉴于行政事业单位核心业务活动，特别是行政行为内部控制的研究主题，本书将行政事业单位研究范畴界定为行政单位及具有行政管理职能的行政性事业单位。除部分地方明确分析广义行政事业单位外，后文提及的“行政事业单位”主要指履行行政职能的行政单位及行政性事业单位（如图 2-1 所示）。

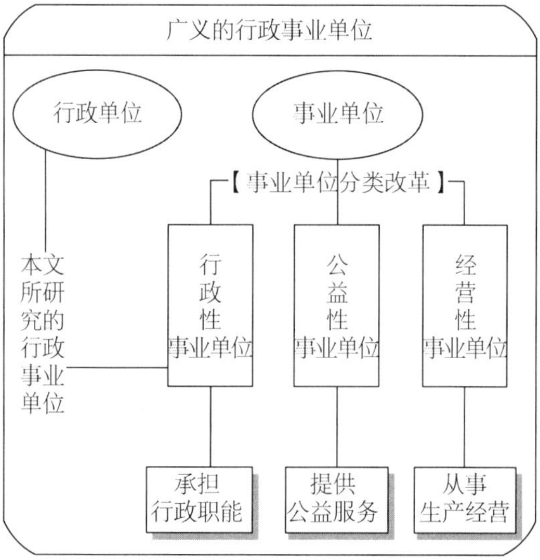

图 2-1 行政事业单位内部控制主体范围

2.3.2 内部控制客体范围：行政事业单位业务活动分析

《行政事业单位内部控制规范（试行）》对行政事业单位内部控制

的客体范围（也可称作控制对象）有明确规定，即各类行政事业单位所“共有”的预算业务、收支业务、政府采购业务、资产、建设项目和合同。《行政事业单位内部控制规范（试行）》对控制客体范围的如此界定，是充分借鉴企业内部控制规范及美国政府部门内部控制规范，并综合考虑普适性、可执行性和权威性等现实因素后的结果。当然，这种折中选择无疑存在一定偏颇，这也正是本书所要强调的，即履行行政职能的行政事业单位业务活动存在的特殊性：单位经济活动主要依靠公共财政资金；行政行为的执行活动体现着全国人民的公共权力与意志。这两个特征赋予了行政单位及行政性事业单位内部控制无可比拟的、深刻的社会内涵。因此，当前通过借鉴现有企业内部控制规范及美国《联邦政府内部控制准则》规范而建立、形成的以行政事业单位经济活动为客体范围的内部控制框架体系，无论从理论深度还是现实指导意义来说都不足以支撑行政事业单位内部控制期望的目标实现。

1）现行《行政事业单位内部控制规范（试行）》的控制客体范围

通过对《行政事业单位内部控制规范（试行）》相关解释和文献的梳理可以发现，《行政事业单位内部控制规范（试行）》将控制客体范围界定为各类行政事业单位所“共有”的“经济活动”，主要包括预算业务、收支业务、政府采购业务、资产、建设项目和合同这 6 项。

我国行政事业单位业务活动可谓纷繁复杂，分类标准也很多。《行政事业单位内部控制规范（试行）》对行政事业单位业务活动的分类主要有以下两个依据：

（1）依据是否所有行政事业单位普遍涉及，将业务活动分为普遍性业务和特殊性业务。行政事业单位提供各类公共服务和监管社会事务都必须建立在维持单位正常运转的基础之上，而单位的正常运转主要依赖于公共资金的保障，所以经济活动是行政事业单位共有的必需业务活动（王鹏，2013），即普遍性业务。因此，《行政事业单位内部控制规范（试行）》主要对每个行政事业单位或多或少都会涉及的、同质化的业务活动（目前主要是 6 项经济活动）进行内部控制规范设计，希望能通过增强《行政事业单位内部控制规范（试行）》的“普适性”来提高各个行政事业单位的内部管理水平。

（2）依据是否直接涉及资金运转，将业务活动分为经济活动和非经济活动。单位发生的资金收支、采购业务都属于单位经济活动，而行政机关行政审批业务、公安机关维护安全秩序业务、医疗机构的医疗活动等属于单位的非经济活动。由于《行政事业单位内部控制规范（试行）》是由财政部门制定并推动实施的，财政部门对资金的使用更具控制力和权威性，而对其他千差万别的非经济活动实行控制缺乏手段和权威性，且技术难度较大（刘国强，2014）。因此，《行政事业单位内部控制规范（试行）》将行政事业单位内部控制定位于经济活动，希望能通过增强《行政事业单位内部控制规范（试行）》的“可执行性”和“权威性”来提高各个行政事业单位的内部管理水平。

《行政事业单位内部控制规范（试行）》对于行政事业单位客体范围的界定，除了考虑普适性、可执行性和权威性，还考虑了一个客观因素——借鉴企业内部控制规范及美国政府部门内部控制规范。企业内部控制规范无论从理论研究程度还是制度标准的实践应用程度都相对领先和成熟，因此研究行政事业单位内部控制最直观和经济的做法就是以既有的企业内部控制理论和实践认识为模板，结合行政事业单位的特殊性改良、制定相应的内部控制规范（田祥宇、王鹏、唐大鹏，2013），无论是行政事业单位还是企业，共同面临的问题便是通过对资金活动的控制来维持单位正常运转。进一步考虑到行政部门的资金来源特殊性，《行政事业单位内部控制规范（试行）》同时借鉴了美国政府部门内部控制框架，并在此基础上依据我国特殊政治组织形式和行政管理改革目标进行了相应的调整。行政事业单位内部控制规范（试行）》尽管在目标立足、控制要素、评价监督和实施机制等方面都被赋予丰富的“中国特色”，但是对于控制客体范围，仍然没有跳出美国政府部门内部控制框架，仅仅局限于关注经济活动的内部控制（如图 2-2 所示）。

《行政事业单位内部控制规范（试行）》对于行政事业单位业务活动的分类理解、行政事业单位内部控制客体范围的界定有理有据，也充分考虑了现实因素。但是从我国行政事业单位建立的初衷和法律赋予的职能来看，该分类和在此基础上的内部控制客体范围的界定则存在一丝“治标不治本”之感。

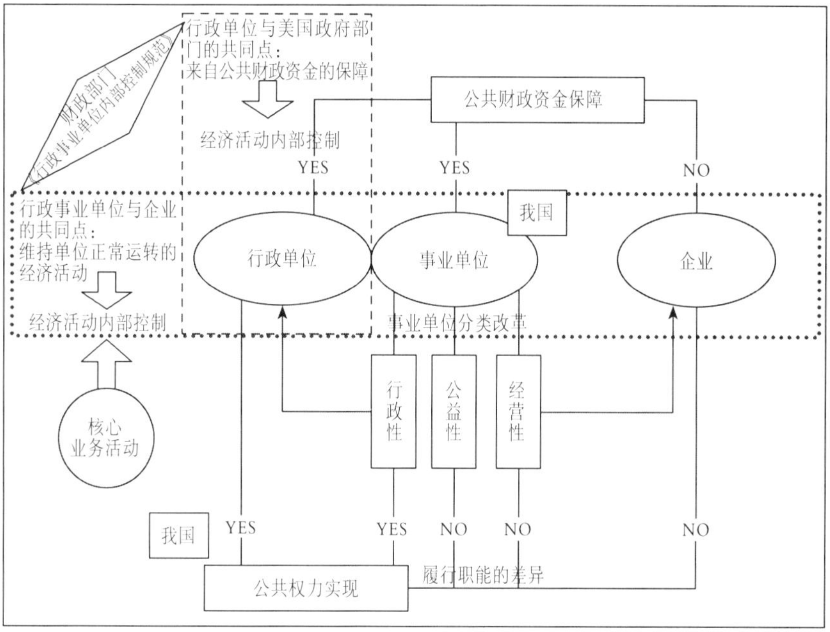

图 2-2 行政事业单位内部控制客体范围

本书认为行政事业单位的核心业务活动应是由其法定职责的使命决定的（此即后文理论分析的政府管理半径概念），除此之外发生的任何其他业务活动，包括与公共财政资金流动有关的经济活动，都应当是履行该法定职责、维持单位正常运转、高质量完成其核心业务活动所必需发生的，才是合理合规的（此即后文详述的政府管理半径成本）。

2）我国行政事业单位的核心业务活动

本书致力于在重构行政事业单位内部控制理论框架体系的基础上对行政事业单位行政行为流程进行创新性设计，因此该部分主要对行政行为的内涵、分类和模式体系等基本内容进行简要介绍。

（1）行政行为的内涵

行政行为是指行政单位和具有行政管理职能的事业单位在依法履行行政职权的过程中产生的具有行政法律效力的行为。而行使行政职权、进行行政管理必须依法行政，依法行政也是实现依法治国的重点，要实现依法行政，则必须确立以下理念（叶必丰，2014）：

①行政行为的服务性。我国《宪法》第 27 条明确规定：“一切国家

机关和国家工作人员必须保持同人民的密切联系，倾听意见建议、接受监督，坚持为人民服务。”人文精神的转变和公共利益观念的确立，使得行政行为应该是一种公务行为，即公共服务行为，而不应该是一种权力行为。行政行为是为了满足公众利益而提供的服务，目的是促进物质、精神、文化和道德的发展。行政行为是行政主体在公民的参与下所做的一种服务行为，政府与公民之间的关系应该是一种服务与合作的关系。例如，行政审批行为是对稀缺资源和机会的合理调节、分配；行政处罚行为则是维护良好的社会秩序所必须采取的手段。

②行政行为的过程性。“合作是一个过程”，现代行政法将行政行为看作一个过程，把服务与合作、信任与沟通作为活动理念。服务与合作是双方主体在行政行为上的要求，而相互信任则是双方主体在实施行政行为过程中的一种道德要求和观念支持，都具有典型的行政行为的过程性，也只能在行政过程中得以确立。行政过程的法制化具有客观性和统一性，也称为行政程序，为行政法主体之间的诚实、信任提供了现实的操作规则和统一的客观标准，是对已确立的诚信关系的一种保护。

③行政行为的从属法律性。我国《宪法》第 85、105 条指出，我国国家行政机关是国家权力机关的“执行机关”。执行机关就是将国家权力机关制定的法律、法规和决议付诸实施的机关，主要通过法律规范调整各种利益关系，因此行政行为就是一种通过执行法律为公众提供服务的行为。

行政机关的主要职能是执行法律、法规和规范，即将国家制定的法律规范和政策落实到具体的行政事务管理活动中去。为了更好实现行政管理职能，行政机关应该顺应社会的发展和行政职能的变化，拥有制定行为规则的权力。尽管如此，行政机关依然从属于人民代表机关，其制定的行政行为规则依然是建立在对法律的执行上，本质上还是对法律的执行，其实施行政行为的合法性仍然取决于与法律的一致性。

④行政行为的无偿性。行政行为是行政机关履行职责或义务的结果，是法律规范在特定利益关系中的具体体现，其所提供的服务是无偿的，是没有也不能索取任何报酬的。行政行为从本质上说是国家行政机关对社会公共利益的集合、维护和分配。行政机关对于公共利益的集

合，主要体现在将不属于社会成员的利益确认为公共利益，以及对属于社会成员的个人利益予以行政征收。将不属于社会成员的利益确认为公共利益，不涉及单个社会成员利益，因此显然无偿；行政征收包括税收和对物的征收，其中税收征收是典型的、普遍的无偿性行为，而对物的征收则是针对具体事件中个别社会成员的，不具有普遍性，是行政机关对特定行政相对人拥有的财物予以征收进而确认为公共利益。鉴于特定行政相对人承担了更多义务，需要对其予以相应补偿以平衡权利与义务关系。从权利与义务的综合角度看，公共利益的集合原则上仍是无偿的。

（2）行政行为的分类

行政行为有很多种分类：根据行政行为对象的特定与否可以将行政行为分为具体行政行为和抽象行政行为；根据存在法定形式要求与否可以将行政行为分为要式行政行为与非要式行政行为；根据行政行为是否需要行政相对人先行申请可以将其分为依职权行政行为与应请求行政行为；根据行政行为是否有限制条件可以将其分为附款行政行为与无附款行政行为；根据对行政相对人利益的不同影响可以将行政行为分为授益行政行为与不利行政行为；根据现有法律状态是否改变可以将行政行为分为不作为行政行为和作为行政行为；根据是否需要其他行为作为补充可以将行政行为分为独立行政行为和需补充行政行为；根据行政相对人的身份，可以将行政行为分为内部行政行为和外部行政行为。

本书主要致力于针对各类行政行为过程中的风险点建立相应的控制措施，因此，对于行政行为的研究主要集中于要式行政行为，且为了构建行政行为模式体系进而明晰进一步要研究的各类行政行为，在此对抽象行政行为和具体行政行为的关系进行简要介绍。

抽象行政行为是相对于具体行政行为的一个理论概念，行政诉讼法提出具体行政行为后，理论上就将这两者作为对行政行为的基本分类。相对于具体行政行为是针对某特定对象采取的行为，抽象行政行为具有对象非特定性、规范的反复适用性和效力的未来性，即国家行政机关针对非特定对象实施的制定行政规则的行为，抽象行政行为的结果主要体现为各类行政法律文件。

抽象行政行为的活动结果是指导各类具体行政行为的行政规则体系，包括行政法规、地方政府规章、部门规章和有普遍约束力的行政决定命令等。抽象行政行为作为具体行政行为的依据和指导，一旦违法，造成的损害后果要比具体行政行为更严重、影响面更广更深。因此，依法行政、从体制机制上加强对抽象行政行为的监督与规范，是建设社会主义法治国家的必然要求。目前，抽象行政行为作为制定行政规则的主要法律依据是：2000 年发布的《立法法》、2001 年发布的《行政法规制定程序条例》和《规章制定程序条例》。

具体行政行为，是指国家行政机关及人员或者法律法规授权委托的组织及成员依照相应的行政法律规则，针对特定的个体或组织的权利与义务关系作出的具体行政事项活动。简而言之，即指行政机关针对特定的公民、法人和其他组织作出的行使行政权力的单方行为。具体行政行为的表现形式包括：行政征收、行政强制、行政处罚、行政审批、行政确认、行政给付、行政裁决、行政合同等处理具体行政事务的行为。

（3）行政行为的模式体系

行政行为的模式，表现为行政行为的概念和范畴，指在理论或实务上普遍认同的，已形成固定、共同典型特征即构成要件的行政行为体系。行政行为的模式是通过很多人长期的观察、分析、概括、锤炼、加工和运用，并且经过实践的检验、沉淀和认同而形成的，是某类行政行为典型特征的理论化、固定化和体系化。行政行为的模式与行政行为的分类不同，行政行为的分类是以给定范围内的所有行政行为为划分对象的，并且对给定对象可以按照各个不同的标准、从任一角度反复地划分，从而得到若干种类，并分析某一种类行政行为的特征，具有穷尽性，所得到的某一种类行政行为总是与另一种类的行政行为相对应而存在；而行政行为的模式是根据特定的构成要件建立的，并不是以所有行政行为为对象，而仅仅是对具有相同构成要件的行政行为的概括。

行政行为的模式是一个体系，每一个特定的行政行为模式都能在该体系中找到其“纽结”，从而可以对一个特定的行政行为进行逻辑推理、归类和定位。只有当千变万化和错综复杂的行政行为现象的共同构成要件被分析、提炼和概括、固定下来，并被人们所认识和掌握，才有可能制定一系列法律规定来规范和约束行政行为。

经过长期的司法实践和理论探索，2004 年我国最高法院发布了《关于规范行政案件案由的通知》（法发〔2004〕2 号），规定“行政行为种类”有：行政处罚、行政强制、行政裁决、行政确认、行政登记、行政许可、行政批准、行政命令、行政复议、行政撤销、行政检查、行政合同、行政征收、行政奖励、行政补偿、行政受理、行政执行、行政给付、行政征购、行政征用、行政划拨、行政规划、行政救助、行政协助、行政允诺、行政监督和其他行政行为共 27 种。当前实践和学说关于各类行政行为的模式体系仍存在一定争议，本书主要借鉴叶必丰（2014）的行政行为模式，并结合行政行为风险分析进行内部控制设计。

（4）行政事业单位行政行为内部控制

本书主要研究的是行政事业单位行政行为内部控制（后文简称行政行为内部控制）。与《行政事业单位内部控制规范（试行）》强调建立的经济活动风险防控建设不同，本书主要是通过分析各类行政行为的执行程序与规范，从中识别和评估可能存在的风险点，进而通过制定相应控制措施和完善执行程序对行政事业单位执行行政行为过程中可能存在的行政行为不当、行政效率低下、行政权力滥用、丧失行政公信力等风险进行防范和管控。

本书强调的行政事业单位行政行为内部控制建设与《行政事业单位内部控制规范（试行）》强调建立的行政事业单位经济活动风险防控建设，二者分别从公共行政权力和公共财产利益两个层面在行政事业单位的内部控制建设上相互配合、支持，致力于帮助行政事业单位能够切实维护公共利益、提高行政效率、赢得民众的信任支持。

3）我国行政事业单位核心业务活动与经济活动的互动关系

近年来随着中央“八项规定”、党政机关和事业单位“小金库”专项治理等宏观制度要求的提出，打击贪污腐败的实践进程逐渐加快且颇有成效，理论界和实务界对行政事业单位内部控制的关注也越来越倾向于对经济活动的控制，以响应宏观治理改革号召。一方面，通过对资金支出、资产使用、财务信息等经济活动风险加以控制，有利于提高行政事业单位人员的警惕意识，起到“不敢腐”的惩戒作用，一定程度上促进其对核心业务活动的关注和复归；然而，另一方面，细观诸多行政事业单位的经济活动违法乱纪案件，多是源自核心业务活动流程与环节缺乏控制政策和制衡程序，或是已有的内部控制被人为破坏和逾越而产生权力寻租（如决策权、审批权的滥用），才进而导致经济活动失控。现行《行政事业单位内部控制规范（试行）》仅仅规范行政事业单位的经济活动，使大量行政事业单位的核心业务活动（如行政立法机关的法规制定、项目管理部门的申报和审批等等）被排除在外，未对其法定赋予的公权力进行限制，并没有形成有效的“不能腐”“不易腐”的防范保障机制。这样的内部控制是不完整的，因此无法切实实现内部控制查错防弊的目标，更不必说提高公共服务的效率和效果。

同时，我们应注意到：任何行政事业单位的核心业务活动和资金活动都不是泾渭分明的，通常行政事业单位的核心业务活动是“因”，而经济活动是执行核心业务活动带来的“果”；核心业务活动是“本”，而经济活动是外在的“标”（刘国强，2014）。行政事业单位先要控制好“因”，才有可能制约“果”；要治“标”，先要治“本”。基于对行政事业单位内涵及其内部控制特点的认识，以及对核心业务活动和经济活动互动关系的理解，结合事业单位改革的现实制度背景，本书认为行政事业单位内部控制不应仅仅局限于控制各类单位共同面临的资金消耗、资产安全、财务信息等风险，还需依照行政事业单位职能性质差别制定针对行政事业单位核心行政业务活动的内部控制制度。核心业务活动的内部控制是行政事业单位内部控制系统中不可或缺的关键部分，应当纳入行政事业单位内部控制框架体系中。

综上所述，本书认为《行政事业单位内部控制规范（试行）》中对行政事业单位内部控制的定义是不全面的，在此重新定义行政事业单位内部控制为：行政事业单位为实现控制目标，通过制定制度、实施措施和执行程序，对行政事业单位发生业务活动（包括经济活动和行政行为业务活动）可能存在的风险予以防控。该定义将行政事业单位内部控制的客体范围从行政事业单位普遍发生的“同质性经济活动”扩大到所有行政事业单位核心、关键的“异质性业务活动”，即行政事业单位在履行行政职能、执行行政行为过程中所发生的一切活动，包括所有行政事业单位为履行其法定职能所执行的核心业务活动和因此必须发生的非核心业务活动（包括经济活动）。其中，法定职责使命决定的核心业务活动内部控制应当引起理论研究和实践探索的重视，本书将主要针对行政单位及行政性事业单位的行政行为活动进行探讨。

3 行政事业单位内部控制理论探讨与框架重构

行政事业单位内部控制理论是行政事业单位内部管理和控制实践的经验总结和升华，也是进一步推动并指导现代意义上的行政事业单位内部控制建设的科学依据。本章根据行政事业单位性质、工作目标等特征，基于组织行为理论提出行政事业单位内部控制的组织行为理论；在分析现有行政事业单位内部控制框架的基础上，基于交易成本经济学理论和政府管理半径理论视角提出行政事业单位政府交易成本理论：不仅要控制核心业务活动过程中可能发生的会计成本、经济成本，更应充分考虑该过程中可能占用、消耗、损失的社会成本；不仅要着眼于经济业务活动控制，更需要充分认识核心业务活动与经济业务的互动关系，将核心业务活动内部控制纳入行政事业单位业务层面内部控制框架体系中，同时提出对行政文化、意识的培养要求。

3.1 现有行政事业单位内部控制框架的追本溯源

现有行政事业单位内部控制理论框架主要是指《行政事业单位内部

控制规范（试行）》构建的内部控制规范体系。鉴于我国行政事业单位内部控制主要借鉴的是我国企业内部控制规范和美国政府部门内部控制规范，本书将通过对比企业和美国政府部门内部控制的形式，追溯现有行政事业内部控制框架内控标准及其背后内控思想来源——管理理论的进展。

3.1.1 追本溯源：对企业内部控制框架的借鉴与运用

在行政事业单位内部控制的提出、发展与成熟的过程中，企业内部控制发展对其产生了重要影响，20 世纪 90 年代“企业家政府”理论的流行使得企业管理模式不断被引入政府部门之中，不断推动着行政事业单位的改革和创新。企业内部控制的实践经验和理论成果被借鉴、吸收、运用于行政事业单位，以解决行政管理过程中职能模糊、监督不力、“重建设、轻执行”等效率问题，是行政单位内部控制改革发展的直接渊源。

与企业相比，行政事业单位资金保障方式及运用目的的特殊性导致二者内部控制目标的根本差异，能否理性分析和清晰认识行政事业单位内部控制目标的特殊性显著影响着行政事业单位业务层面内部控制框架体系的构建和控制活动的执行效果（如图 3-1 所示）。

企业的资金主要来源于股东和债权人的投资行为，是自愿、平等、公平的经济交易行为，为了维持并提高股东、债权人等相关利益者在既定投入下的产出效益，企业建立董事会、监事会、经理层，和全体员工构成治理结构，并建立内部控制规范旨在合理保证企业经营管理合法合规、资产安全、财务报告及相关信息真实完整，提高经营效率和效果，实现企业价值最大化，此即企业的效率型内部控制目标。由于企业的各项经济业务活动结果都会通过会计数据和最终财务报告体现，因此企业内部控制的关键意义在于通过以会计控制为基础的企业经济活动内部控制减少财务欺诈、可疑的商业行为和金融机构破产等事件可能给投资者带来的巨大损失。

我国事业单位的经费来源主要是国家财政资金：对于没有稳定的经常性业务收入或收入较少的事业单位，实行财政全额拨款；对于有一定

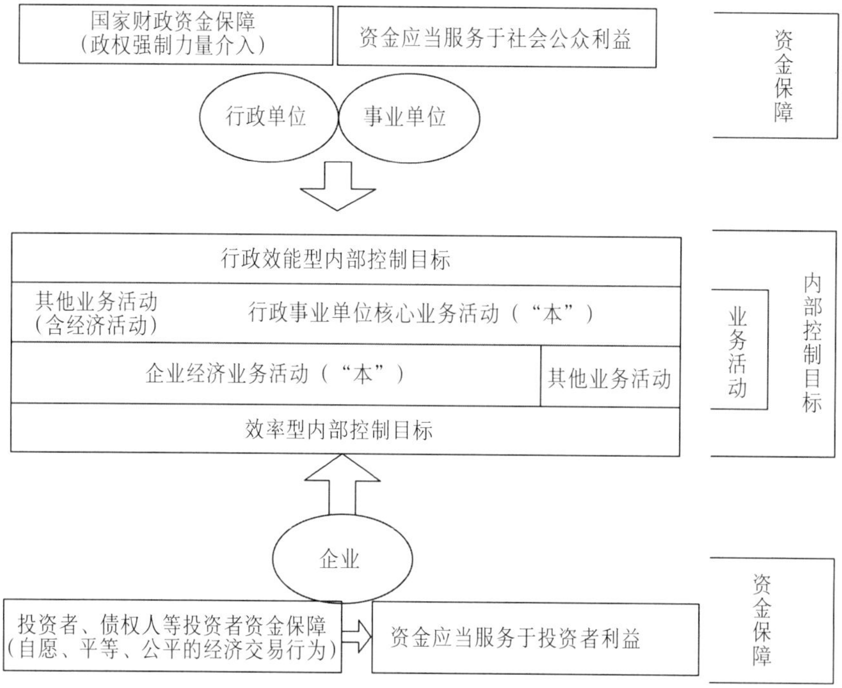

图 3-1 行政事业单位业务层面内部控制与企业内部控制的比较分析

数量的稳定的经常性业务收入，但还不足以解决本单位经常性支出的，需要财政补助的事业单位，实行差额拨款；对于有稳定的经常性收入，可以解决本单位的经常性支出，但尚未具备实行企业化管理条件的事业单位，实行自行收支。上述具有行政管理职能的行政性事业单位，资金主要来源是国家财政以及小部分向服务对象收取的以“成本补偿”为基础的服务费收入。此外，行政事业单位是以服务社会、服务于公众为宗旨的，尽管它们不可避免地需要获取和运用资金和资产等财务资源，但其目的并不是为了资本的保值和增值，而是为了始终如一地为社会公众提供各种公共产品，行政事业单位的经济活动并不是其核心业务工作。由于国家政权的强制力量介入，行政单位与行政性事业单位与资金提供者之间并不是公平、平等的经济交易关系。由于行政管理服务的公共属性，行政事业单位不仅要关注单位预算完成情况，更要重视其行政行为的效率和向公众提供服务的水平和能力，此即行政事业单位的行政效能型内部控制目标。

国家目前对于行政事业单位的风险控制主要集中在对财务资源运用的管控上，该控制活动实现的关键目的在于查错防弊、降低公共财政资金的滥用风险，并未涉及各个行政事业单位的核心业务。这是在考虑普适性、可执行性和权威性的现实因素后作出的权宜之举，但是关键问题在于：并非控制对象越集中、越普遍、越具有权威性，越有利于控制目标的实现。

通过对经济活动的内部控制能够有效防止财务舞弊，但是能够实现提高行政管理和公共服务效率的控制目标吗？答案必然是“治标不治本”。行政事业单位的公共服务效益并不会充分体现在财务信息披露、资金和资产的使用效率上，社会民众获得的便利服务和心理感受、国家的安全稳定是无法体现在经济结果报告上的。行政事业单位行政管理和公共服务水平的高低，不在于各部委、各单位信息公开后的“经济账本”漂不漂亮、统计成本降低显不显著，也不在于破获多少起贪污舞弊案件、抓住多少贪官污吏、没收多少财产后有多么大快人心，而在于整个公权力和公共资金的委托和执行、运用过程是否能够得到社会公众的信任和肯定。这一超级难题便是行政事业单位内部控制的最高目标。而要让委托的公权力和公共财产能被高效率、高质量地行使、使用，让行政管理和公共服务被公众高满意度地享用，这不是简单地基于经济活动的内部控制可以实现的，也不应是行政事业单位内部控制设置的起点和全部。

3.1.2 追本溯源：对美国联邦政府内部控制框架的借鉴与改良

我国行政事业单位内部控制的提出、建立与改进，很大程度上基于对美国《联邦政府内部控制准则》的批判性学习、借鉴与改良。田祥宇、王鹏和唐大鹏（2013）从基本概念、控制目标、控制范围、控制标准、评价监督和实施机制等 6 个方面将我国行政事业单位内部控制与美国《联邦政府内部控制准则》进行一系列比较，以分析我国行政事业单位内部控制的“中国特色”。然而，《行政事业单位内部控制规范（试行）》想要追求的理想目标和特色，并没有完全体现在其内部控制活动中。因此，本书将依照该思路从目标立足和控制范围、控制要素和评价监督这两大方面分析现有行政事业单位内部控制框架存在的不足之处。

从目标立足和控制范围的角度来看，美国联邦政府的控制目标立足于财政预算和政府审计角度、定位于保证财务报告的真实完整；而我国的《行政事业单位内部控制规范（试行）》在确定控制目标时，是要将每个单位作为内部控制主体，对单位各个职能部门权力进行约束，立足于提高公共服务水平。但《行政事业单位内部控制规范（试行）》界定其适用对象为行政事业单位管理职能范围内的“同质化”的经济活动，并未关注各个行政事业单位的核心业务活动。

从控制要素和评价监督的角度来看，美国《联邦政府内部控制准则》的控制要素沿用 COSO 内部控制五要素；而我国《行政事业单位内部控制规范（试行）》努力结合我国行政事业单位的组织特点、业务特点对内部控制规范进行本土化设计：分别对行政事业单位单位层面和业务层面的风险进行评估，并梳理和整合相应控制标准，建立了单位层面和业务层面的内部控制体系，并将执行、决策和监督职责分离的控制思想运用于内部监督机制和外部监督机制的构建上（张庆龙，2012）。遗憾的是，对于行政事业单位业务层面的关注仅限于经济活动，行政事业单位的核心业务活动往往是“因”，而经济活动是执行核心业务活动带来的“果”；核心业务活动是“本”，而经济活动是外在的“标”。

综上所述，当前行政事业单位内部控制相比美国《联邦政府内部控制》最大的创新在于建立单位层面和业务层面的风险评估及控制体系，同时最大的缺陷也在于此，因为行政事业单位业务活动分类的重要性在于其背后体现的是我国特殊政治制度下人民权力的代表与行使问题（如图 3-2 所示）。

我国社会主义政治制度的巨大优越性在于：国家的一切权力属于人民，建立、健全行政事业单位内部控制的实质在于建立有效的权力运行制约和监督机制，以保证国家机关依法行使职权、履行职责，保证人民赋予的权力始终用来为人民谋利益，这是我国政治制度区别于资本主义国家政治制度的本质特征。

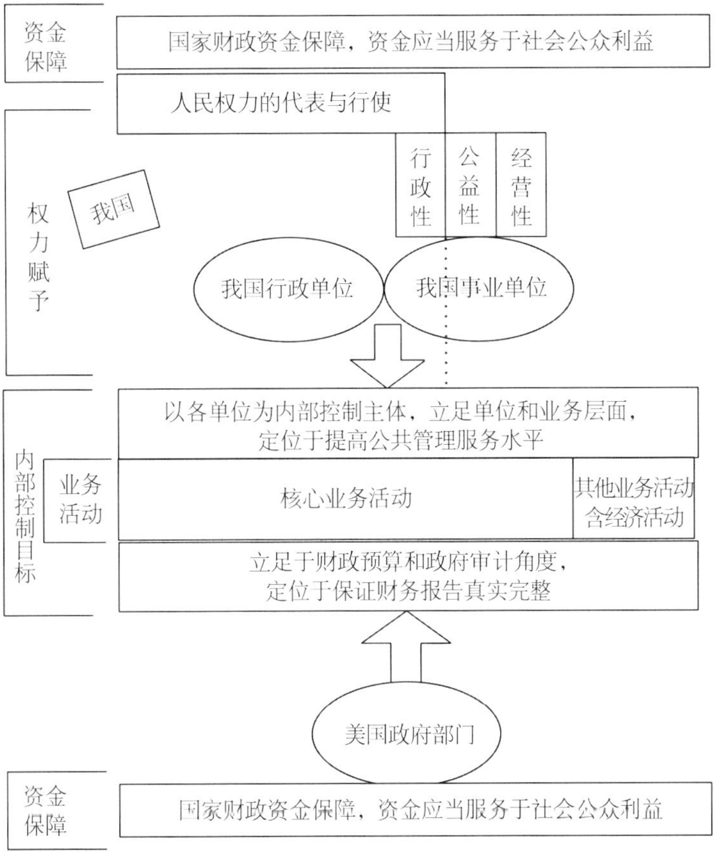

图 3-2　我国行政事业单位与美国联邦政府内部控制差异分析

行政腐败实质上是公权力在委托和行使过程中对公权授权目标、使用规范的背弃，是将人民赋予的公权力异化为少数人的“牟利工具”（刘大伟，2016）。腐败存在的根源在于政府干预和管制各项社会活动的权力。要有效防治行政腐败、提高政府公共服务水平、体现社会主义国家制度优越性，必须对行政事业单位的公权力行使进行监督和制约。因此，行政事业单位内部控制目标不仅仅涉及公共财政利益问题，还涉及人民权力的行使问题，这是我国行政事业单位内部控制最特殊的地方。

行政事业单位的经济活动和核心业务活动都应受到严格控制，行政事业单位应将行政事业单位业务层面内部控制的客体范围由“经济活动”扩充到“所有业务活动”，将高质量地履行行政事业单位的法定职能作为业务层面的内部控制目标。

3.1.3 追本溯源：COSO 内部控制框架及组织管理职能认知

正如前文所提及的那样，现有行政事业单位无论是学习企业内部控制，还是借鉴美国公共部门内部控制，都是严格地围绕 COSO 内部控制的整合框架做着细微的增量变动，因此要对行政事业单位内部控制予以扩展、重构，必须追溯到对 COSO 内部控制框架的建立、发展历程及其现有缺陷本质的挖掘上，如图 3-3 所示。

1）COSO 内部控制框架的建立、发展

美国反虚假财务报告委员会下属的发起人委员会 COSO（Committee of Sponsoring Organizations of the Treadway Commission）发布的《内部控制——整合框架》是世界范围内使用最广泛的内部控制指导性文件，其宗旨是为促进企业风险管理、加强内部控制和防止舞弊提供指引。1992 年 9 月，COSO 第一次发布《内部控制——整合框架》。后来经过了几次局部的补充、改进，COSO 提出了形态各异的内部控制结构模型，有金字塔结构、立方体结构、倒立方体结构和环状结构等。COSO 借此建立起内部控制研究的范式，按照内部控制结构中的要素来建设和评价内部控制成为理论和实务界的基本约定。COSO 内部控制的原则导向和全面控制思想成型已久，并未有较大变化，更多是对要素原则的不断细化，无法切实指导各类组织建设其内部控制系统。在 COSO 提出强制性实施要求后，没有真正理解内部控制结构的执行者，只能依样画瓢，按照要素、原则和关注点来逐一建设，导致内部控制在实际应用中流于形式、徒增成本的现状。

2）COSO 内部控制框架的缺陷

现有的 COSO 内部控制整合框架存在两大缺陷：

(1) 将内部控制定位于“一个过程”，将控制活动与管理活动分离。控制活动是管理活动的外在表现形式，控制本身并不是一项管理活动，但任何一项管理活动最终都体现为一系列的控制活动，COSO 并未充分认识到管理与控制之间水乳交融的关系并试图将内部控制从管理

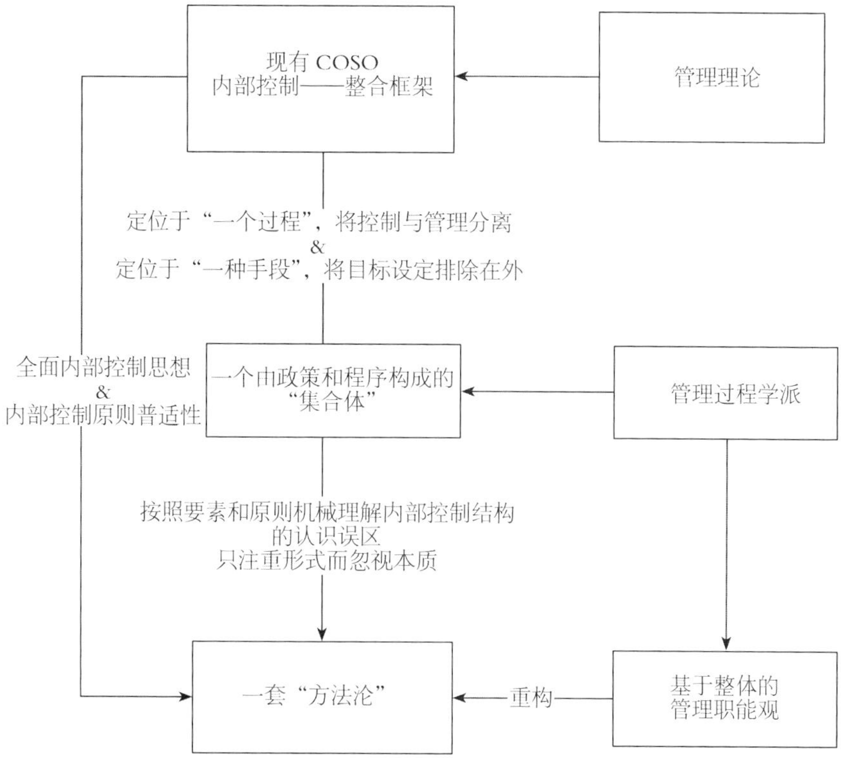

图 3-3 COSO 框架理论及组织管理认知溯源

职能中区分出来，这是 COSO 将内部控制要素彼此分割、将内部控制结构视为一个由政策和程序构成的"集合体"的直接原因。

（2）将内部控制看作实现目的的手段，将目标设定排除在控制之外。起初 COSO 将目标设定排除在内部控制之外，是为了有效减轻注册会计师内部控制审计的责任，使其无需对目标设定和管理决策予以评价，却使内部控制难以有效地融入管理过程。管理目标、风险应对和控制活动是随着内外部环境的变化而不断进行调整的多方向、往复的动态过程，将目标设定排除在外的同时也否定了内部控制的动态调整，使其变为一个机械的执行过程。

究其根本，COSO 框架的上述缺陷是其背后的管理过程理论思想的集中体现。1916 年，法约尔提出管理活动包括计划、组织、指挥、协调、控制等五大职能，并称之为管理的要素（法约尔，1982）。此后，管理过程学派开始按照职能或要素来界定管理人员的工作或职责，并认为管理过程是由管理职能的顺序开展所进行的工作。其中，影响较大的是1937年卢瑟·古利克的“七职能说”、1955年孔茨和西里尔·奥唐奈的“五职能说”。“五职能说”按照计划、组织、人事、领导和控制这五项管理职能建立的框架体系被广为效仿，管理理论也被广泛传播、认可，并成为COSO框架的直接理论来源。COSO内部控制框架的构建以及按要素分别建设和评价的“集合体”认知，实质上就是对管理过程学派学术传统的遵循以及对管理职能体系的重新组合，不过是更加强调控制职能作用的发挥而已。

然而，管理过程学派对管理职能之间的关系理解过于机械，管理职能体系并非一个严格按照顺序开展的工作体系，而是一个有机的整体，内部控制各个要素共同作用于管理对象之上，无法割裂。与其说该体系是一个为实现目的的“程序集合体”，不如说是一套具有广泛适用性的、动态调整的“方法论”（白华，2015）。

3）COSO内部控制框架的修订

2010年，COSO开始着手全面修订工作，于2013年5月14日正式发布了《2013年内部控制——整合框架》，对原内容进行了全面更新，将内部控制定义如下：内部控制是一个组织中全体各类人员互动、共同作用的过程，它的设计旨在为实现组织运营、报告和合规等目标提供合理保证，本文认为新版框架呈现着对管理思想发展演进的反思和着力针对其两大缺陷进行改善的特点：

（1）原则导向的强调。COSOIF-IC（2013）用“组织”代替企业、非营利机构、政府部门等实体，各组织可依据自身特点和具体情况选择、实施适合自己组织特点和具体情况的内部控制。新版框架明确提出了内控17项原则，原则性的确立旨在增强可操作性，便于使用者从整体上把握，培育一种以职业判断取代机械套用规则的氛围，以避免陷入只注重形式而忽视本质、为内控而内控的窘境，也使内部控制不容易被规避。可见COSO正摇摆于“集合体”与“方法论”的定位之中，但是明显倾向于将内部控制框架逐渐解释为一套突出原则导向的“方法论”，以增强其内部控制原则的普适性。

（2）全面、动态内部控制思想的强调。新框架将原来的“财务报告目标”改为“报告目标”，并将组织维度的“单位”（Unit）与“业务活动”（Activities）细化为“主体”（Entity）、“分支机构”（Division）、“业务单位”（Operating Unit）、“职能”（Function），反映全面内部控制思想的重大变化。内部控制不仅仅是达成目的的静态手段，即一套为实现组织目标而设计和实施的制度和流程，更是一个持续不断的互动过程，包括组织各层级承担和履行的各种任务和活动，还包括组织中各层级的各类人员和他们所采取的行动。内部控制可应用于整个组织，也可以应用于组织中的一个部分或某类业务流程、具体职能。可见 COSO 内部控制框架不再“仅仅是实现管理总体目标的手段”，明显呈现更加“全面、动态”的倾向。

3.1.4 分析结论

我国现行《行政事业单位内部控制规范》基本要素的确定及创新是建立在对行政事业单位情况调研、分析、系统归纳的基础上，充分考虑了行政事业单位组织和业务的实际情况，并结合针对性、适应性和实操性等诸多现实因素充分借鉴了企业内部控制框架和美国公共部门内部控制框架。与企业相比，行政事业单位具有依靠国家财政资金保障和资金用途必须服务于社会公众的特殊性；与美国联邦政府内部控制相比，行政事业单位具有代表行使社会主义国家公共权力的特殊性。现有行政事业单位内部控制框架暴露了其理论基础的相对薄弱——囿于 COSO 框架的形式而对其背后的理论、思想认知不足，因此，无论是目标的确立、控制范围界定和内控实施都存在诸多待完善的地方，本书正是致力于借鉴新的 COSO 内部控制框架呈现的全面动态思想、原则导向趋势，针对我国行政事业单位特殊的组织特征及职能履行需要，以内部控制不同层次目标来统领，对行政事业单位内部控制框架体系从单位层面、业务层面予以理论探讨和框架重构，为进一步内部控制实践的推进和深化做理论铺垫。

3.2 基于组织行为理论视角的行政事业单位内部控制探讨

行政事业单位的内部控制活动必须建立在对行政事业单位自身有关特征的科学认识的基础之上。一是行政事业单位的属性和行为特征，决定了行政事业单位内部控制的“政治中心特色”，是行政事业单位内部控制与企业内部控制的关键差异，也是不同于美国联邦政府内部控制的缘由；二是行政事业单位的“激励引导特点”，行政事业单位的职工个体是最富有能动性的因素，对不同内部控制措施的敏感性不尽相同，因此在设计内部控制前，需切实考虑行政事业单位职工适用的激励因素和行政文化引导因素。

3.2.1 组织行为理论概述

组织行为是指社会组织、组织内部群体或者个体，从组织的角度出发，对内源性或外源性的刺激所做出的反应。组织行为是为实现组织宗旨而产生动机、采取行动和取得效果的过程。

组织行为分析包括三个层次：（1）组织系统（The Organization System）；（2）组织中的群体（The Group in the Organization）；（3）组织中的个体（The Individual in the Organization）。

组织行为一般具有以下特征：（1）组织行为的动机是根据这个组织建立的宗旨产生的，带有明确的目的性；（2）组织行为是全体组织成员共同活动的行为，组织行为是通过组织成员的个体行为来实现的，反过来又影响成员个体行为，即组织行为的效果具有双重性[①]。

由前述内容可知，组织行为管理的两大关键内容在于：

1）组织文化培育与制度建设的结合

组织通过包括行为规范在内的一整套成文的制度体系来约束组织成员的行为，使其自身所信奉的价值观逐渐为组织成员所接受。在长期的

① 佚名．百度百科［EB/OL］．http：//baike.baidu.com/subview/55113/5061567.htm.

管理实践中，组织成员逐渐将组织强制实施的制度内化为其思维方式和行为选择的基本前提，组织文化因此而逐渐形成。

组织文化具有以下特点：（1）意识性。组织文化是组织内一种群体的意识现象，是一种意念性的行为取向和精神观念；（2）系统性。组织文化由共享价值观、团队精神、行为规范等一系列内容构成一个系统，各要素之间相互依存、相互联系；（3）凝聚性。组织文化影响着组织个体的做事态度和思维方式；（4）导向性。组织文化在深层次上规定了组织行为的准则与价值取向，对个体行为的影响力最持久、最深刻；（5）组织文化的可塑性。组织文化并不是与生俱来的，而是在组织生存和发展过程中逐渐总结、培育和积累而形成的，组织文化是可以通过人为的后天努力加以培育和塑造的，而已形成的组织文化也并非一成不变，是会随组织内外环境的变化而加以调整的；（6）长期性。组织文化的塑造和重塑的过程需要相当长的时间，而且是一个极其复杂的过程。

组织文化具有以下正功能：（1）导向功能，组织文化能对组织整体和组织每个成员的价值取向及行为取向起引导作用，通过组织的共同价值观不断地向个人价值观渗透和内化，使组织自动生成一套自我调控机制，以 种适应性文化引导着组织的行为和活动；（2）激励功能，组织文化具有使组织成员从内心产生一种高昂情绪和发奋进取精神的效应，能够最大限度地激发员工的积极性和首创精神；（3）调适功能，在组织变革的时候，组织文化可以帮助组织成员尽快适应变革后的局面，减少因为变革所带来的压力和不适应。同时，组织文化对组织也可能存在潜在的负面作用。当组织环境正在经历迅速的变革，根深蒂固的组织文化与进一步提高组织效率的要求不相符合时，它就可能是组织发展的束缚。组织文化可以通过正面灌输法、规范法、激励法等方式建立。正是在组织文化与制度建设的相互作用之下，组织得以有序运行。

2）对组织内个体的激励作用

20 世纪 50 年代末期，美国的行为科学家弗雷德里克·赫茨伯格（Fredrick Herzberg）提出来了“双因素激励理论”（保健因素和激励因素）：

（1）保健因素。保健因素的满足对员工产生的效果类似于卫生保健对身体健康所起的作用。保健从人的环境中消除有害于健康的事物，它不能直接提高健康水平，但有预防疾病的效果；它不是治疗性的，而是预防性的。保健因素包括组织政策、管理措施、监督、人际关系、物质工作条件、工资、福利等。当这些因素恶化到人们可以接受的水平以下时，就会对工作产生不满意。但是，当人们认为这些因素很好时，它只是消除了不满意，并不会导致积极的工作态度。

（2）激励因素。激励因素是指能带来积极态度，起到激励作用，能满足个人自我实现需要的因素，包括成就、赏识、挑战性的工作、增加的工作责任以及成长和发展的机会等。组织中的保健因素是必需的，但一旦它被不满意的情绪中和，它就不能产生更积极的效果了。只有激励因素才能使人们有更好的工作成绩。

双因素理论对组织行为的启示在于：（1）要提高组织行为效率、实现组织目标首先需要注意保健因素，消除职工的不满、怠工和对抗，但保健因素并不能使职工变得非常满意，也无法激发他们的工作积极性，更无法激发与提高员工的工作热情和工作效率；（2）激励是组织行为管理的重要环节，对职工激励的时候必须注重多种激励方式的综合运用，可以通过培养员工自我超越的能力，打破旧的思维限制，创造出更适合组织发展的新的心智模式，在更为开阔的思维中发展自我，并朝着组织的整体目标和共同愿景努力。

3.2.2 行政事业单位内部控制的组织行为理论

行政事业单位开展内部控制建设是行政事业单位基于自身组织特征做出的理性行为。行政事业单位组织行为与这些单位做出的其他行为一样，都具有组织行为的共性特征，适用组织行为学相关基本原理。同时，与企业、与国外政府机关、公共部门的类似单位的行为相比，由于我国行政事业单位具有较为独特的本质属性，因此其行为也相应具有独特的规律，可以概括为相应的组织行为理论。

研究行政事业单位的内部控制活动，首先，要研究行政事业单位的宗旨、动机。就我国广义的行政事业单位而言，不同单位的宗旨不尽相同。根据 2004 年 6 月 27 日国务院修改发布的《事业单位登记管理暂行条例》的规定，事业单位“是指国家为了社会公益目的，由国家机关举办或者其他组织利用国有资产举办的，从事教育、科技、文化、卫生等活动的社会服务组织”。编辑机构对事业单位登记管理时，一般都要求具有明确具体的“宗旨”，但是就整体而言，我国各类行政事业单位具有财政支持、使用公共资金等特点，由此决定了这类单位的共同特征是为了公益目的、提供公共服务（公共产品、公共管理、国家治理等），与中国共产党确立的“全心全意为人民服务”的宗旨具有内在一致性。基于这一宗旨，本书认为，行政事业单位的行为动机从宏观、整体的角度，可以概括为巩固政权、维护社会公平正义、改善民生等。总之，从组织行为学的理论看，明确行政事业单位的宗旨、动机，是研究行政事业单位各种行为（包括内部控制活动）的出发点，由此决定了包括内部控制活动在内的各种行为的目标、方式和效果。可以更加直观地说，行政事业单位内部控制活动可能有多种多样的具体的、直接的目标，但其内控建设的终极目标应该是促使上述宗旨和动机顺利实现。

其次，要考察我国行政事业单位的行为特征，从组织行为学的基本理论出发，从行政事业单位内部控制的角度分析，本文认为，行政事业单位的行为[①]具有如下特征：

第一，具有政治性、政策性和社会性效果。行政事业单位为实现公益目的提供公共服务的各种行为，通常都具有鲜明的针对性、目的性，追求与政治、政策相关的效果和社会影响，这些行为得当或者不当，通常会因其政治性、政策性和社会性而产生杠杆放大效应，产生较大的社会反响。

第二，具有自上而下的权威性。在我国当前形势下，所有行政事业单位都处在一个条块结合的系统中，共同构成一个复杂的组织体系。其中最为严格、最为清晰的关系是上下级关系（实际上组织之间不完全是纯粹的上下级隶属关系，而是包括领导与被领导、管理与被管理、指导与被指导等关系，本书笼统地称为上下级关系），作为组织体系中的以

---

① 由于本文主要研究行政行为内部控制问题，因此，如果文中没有说明行政事业单位的具体类型，则主要指广义行政单位和具有行政职能的事业单位；如果没有说明行政事业单位行为的具体类型，则主要是指广义行政行为。

某一组织名义实施的行为，最突出特征就是上级组织的行为对于下级组织而言具有绝对权威性。特别是上级单位的决定，即使下级单位有不同看法，也往往是一边执行一边反应，以此确保达到令行禁止的效果。现实工作中，这种权威性还会延伸和拓展：在某些情况下，即使上级单位的行为并不明确要求下级单位遵照执行，但是下级单位会自觉参照上级单位的做法做出相同或近似行为，所谓"上行下效"也就是对行政事业单位组织行为示范效应的通俗说法。因此行政文化和行政氛围的培养与建立至关重要。

第三，行政事业单位组织行为的主体具有双重性。行政事业单位的行为作为组织行为，都是以行政事业单位的名义做出的，行为后果由行政事业单位承担责任；同时，由于单位是拟订人，该组织行为最终必须通过自然人完成，因此该组织行为也与行政事业单位的职工密切相关，职工个人过错导致的行为后果，很可能也需要行政事业单位承担。因此加强对行政事业单位职工的激励和引导作用至关重要。

为了做好这项工作，还需要我们了解和掌握行政事业单位内部控制的一些特点：

（1）行政事业单位内部控制的"政治中心特色"——行政行为内部控制。从组织行为学基本原理看，行政事业单位的宗旨、行为动机、行为特征、行为方式以及行为效果等决定了行政事业单位的总纲和特色就是"以政治为中心"，具体表现是，政治利益（广义，包括政策效果、公共利益等）是行政事业单位开展业务活动的核心，是其借助公共权利来实现的，具有社会内容和特性的需求。执政者的政治利益通常与国家利益一致，体现为 4 个方面：①国家和政权的生存；②国家和政权的经济基础；③国家和政权的声誉与威望；④国家和政权的持续发展[①]。概括地说，政治利益本质上就是国家和政权的巩固与发展的需要。

本文认为，政治中心理论是组织行为学视角下行政事业单位自身属

---

① 美国现实主义理论家罗伯特·奥斯古德认为，国家利益包括 4 个要素：（1）国家的生存和自保，包括领土完整、政治独立和基本政治制度的持续；（2）国家在经济上的自给自足；（3）国家在国内外有足够的威望；（4）国家具有对外扩张的能力；伊沃·杜查希克认为国家利益包括 5 个要素：（1）国家实体的生存，主要指国民和国土的存在；（2）基本价值的存在，如民主、自由、独立、平等；（3）基本政治制度的维持；（4）经济的发展；（5）领土和主权完整。

性、行政行为特征的总结和抽象；行政事业单位属性和行为特征则是政治中心理论的具体演绎。政治利益的内容虽然归根结底是由经济基础决定的，但是政治利益是以一定的价值判断为前提的，与通常意义上的经济利益（特别是以成本费用来表现的经济耗费）存在巨大差异。很多情况下，政治利益的内容、形式和度量根本无法用经济利益来表现，比如，刑事案件的侦查、审判，重大政治活动的安保，执政理想的文宣等，可能一方面实现了预期政治利益，另一方面耗费大量人力、物力、财力。正因如此，政治追求不同的人对行政事业单位做出有关行为耗费的人财物往往有不同评价或者看法：政治利益一致的人一般支持相应行为及其耗费，政治利益不一致的人，有可能对同一行为及其耗费持保留态度甚至给予彻底的否定性评价。

行政事业单位内部控制是行政事业单位为了实现特定控制目标，通过一系列措施，对单位包括经济活动与非经济活动在内的各种行为进行的管理控制。行政事业单位内部控制的过程，实际上包括制定行为规范、实施行为、行为监控与评价、偏差判断、偏差纠正等多个过程。考虑到行政事业单位的同一个行为，可能由于评价者的政治追求不同而被做出不同的评价，而且这种差异是基于评价者的不同价值判断，可能出现“公说公有理，婆说婆有理”的现象。一个行政行为是对是错、如何评价对错，不仅争辩不休甚至可能尖锐对立。因此，借用法学术语来表达：在行政行为的内部控制中，“程序公正”比“实体公正”[①]的意义要大得多。在建设内部控制标准时，行为规范的制定要特别重视程序公正，要对行政事业单位的行为做出一整套符合程序公正要求的规范。这样的话，某一个行为事项，依据大家都认同的一套行为规范，不同政治追求的人都会实施相同的行为，他们对行为结果（实体公正）的关注和争议会少很多。因此，针对行政行为特征设计内部控制规范使其符合政治利益驱动，对保障行政事业单位目标的实现至关重要。

基于组织行为学基本原理可以得出，政治利益（广义，包括政策效果、公共利益等）是行政事业单位开展行政行为内部控制建设的核心，

① 程序公正主要是强调程序科学合理，要充分体现和保障公正，包括程序的中立性、公开性、平等性、科学性、及时性；实体公正法院在裁判中，法官认定事实清楚，适用法律准确，判决结果符合公平、正义。

基于“程序公正”设计行政事业单位内部控制系统的出发点和归宿、遵循的原则、采取的措施等，都以政治利益需要为依据。

（2）行政事业单位内部控制的“激励引导特点”——行政环境。作为一种劝导，规范制度建立的本身就隐含着一种认可，规范在给出某种实践性建议的同时，就宣称了它的正当性；同时任何一个规范，无论是具体的还是普遍的，都难以有效地规范所有的情况，即永远不完备，并且都同样地弱于怀疑态度，意味着我们总能够不信任它。然而，规范是关于利益分配的规则。无论表述为“应该”还是“不应该”的句型，规范的功能都是为了使人们在利益之争中做出某些让步以保证社会的公正。然而，以程序合理性（形式）去回避或掩盖实质合理性（内容）问题是我们无法逾越的历史局限，我们制定的大多数行为规范表面上看似清楚，人们也似乎能够理解其意义，但一旦投入实践应用总会显示出其含糊性和操作困难性，一个规范很难提前应付各种可能的具体实践情景，具体实践情景会产生各种不同的挑战。为了保证人们恰当地应用规范，显然需要具体的解释，但又会卷入解释的困难。人们对行为规范做出进一步解释时，就会给出一些更具普遍性的规范，而这些规范企图表明的东西会越来越含糊。当意识到理解和解释的主观性时，就会发现解释不可能解决问题，各种解释上的冲突只不过是间接地反映了行为上的冲突。

现行行政事业单位内部控制对“经济活动监督控制”的强调，监督不要做坏事，把行为个体当作潜在的“坏人”，更多的是企业组织“效率型”要求的照抄、照搬，与行政事业单位组织目标相悖。行政事业单位目标的实现最终取决于行政事业单位每个主体、每一项行政业务活动的执行，行政事业单位内部控制应是一个持续不断“引导人行为”的互动过程，包括组织各层级承担和履行的各种任务和活动，还包括组织中各个层级的各类人员和他们所采取的业务流程、履行的具体职能。

因此，不应迷信或追求具体监督控制程序的完备，而应转变思路，监督与激励并重，不仅在于“防”和“堵”，即防治、惩戒违规行为；还需要“引”和“疏”，即通过确立旨在提高核心业务活动效能的强制秩序，优化行政行为程序和行政人员选择意识，着重培养其积极向上的行政文化和社会责任感，激励、引导公务人员具备“廉洁奉公、恪尽职守、为人民服务”的行政服务意识，提高行政个体对核心业务职能的履行质量，承担起其在内控目标实现中的职责。

这正是控制环境之于行政事业单位内部控制贯彻实施的“特殊意义”。行政事业单位内部控制的控制环境建设并不是含糊不清或虚无缥缈的，应体现在单位核心业务活动的各项制度、流程、职责等行为准则中，展现行政事业单位的终极目标和行为导向、风险容忍度，进而影响着行政个体对组织目标的认识和理解。

3.3 基于政府交易成本视角的行政事业单位内部控制框架重构

前文遵循内部控制原则性导向和全面、互动的内控思想，基于组织行为视角，从单位层面对行政事业单位内部控制予以探讨，并发现行政事业单位的“政治中心特色”和“激励引导特色”，在此基础上，本文将继续借鉴经济学理论探索对我国行政事业单位内部控制建设实践的指导框架，首先分析了内部控制、风险（不确定性）以及交易成本之间的关系，然后探讨了行政事业单位业务活动内部控制与政府管理半径、交易成本的关系，进而基于交易成本和政府管理半径视角对行政事业单位内部控制理论框架进行重构。

3.3.1 内部控制、风险（不确定性）与交易成本

该部分主要是经由风险与不确定性来分析内部控制与交易成本之间的关系（如图 3-4 所示）。

1）内部控制

内部控制（Internal Control）是经济和社会发展的必然产物，并随着市场竞争的加剧和内部强化管理的需要而不断地丰富和发展，主要经历了以下阶段：内部牵制阶段——内部控制制度阶段——会计控制管理控制阶段——内部控制结构阶段——内部控制整合框架阶段——风险管理框架阶段。2004 年 COSO 委员会发布《企业风险管理——整合框架》

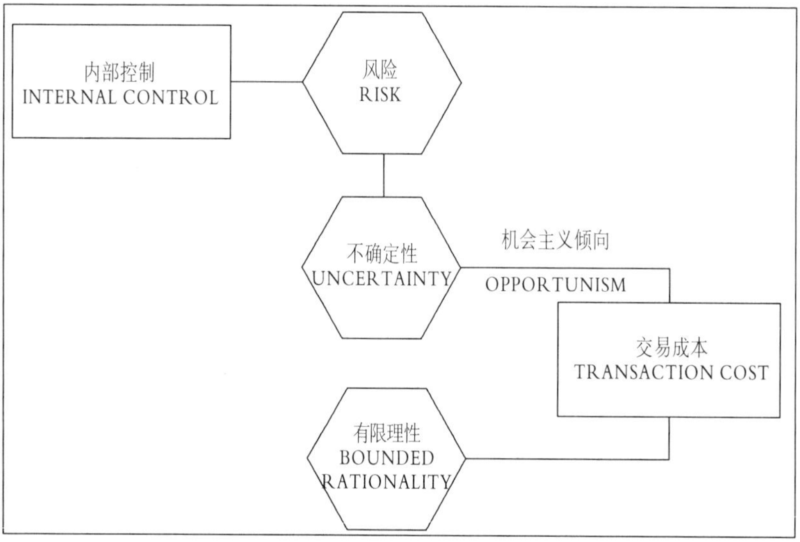

图 3-4 内部控制、风险（不确定性）与交易成本的关系

将内部控制拓展为：旨在识别并有效管理可能会影响控制主体的潜在风险，为控制主体目标的实现提供合理保证①。

2）风险（不确定性）

风险（Risk）通常有两层含义：一是事件未来可能结果发生的不确定性（A. H. Mowbray，1995；C. A. Williams，1985 等），意味着风险产生的结果既可能是获利或无损失，也可能是损失或无获利，此为广义风险；二是成本或代价的不确定性，也叫损失的不确定性（J. S. Rosenb，1972；F. G. Crane，1984 等），意味着风险只能表现为损失，没有从风险中获利的可能性，此为狭义风险。无论广义角度，还是狭义角度，风险可以在一定程度上理解为不确定性（Uncertainty）。

3）交易成本

交易成本的概念是 Ronald H. Coase 于 1937 年在《企业的性质》论文中提出的，后来成为制度经济学的基本概念和重要理论范式，在诸多制度效率研究发挥启发性作用。Oliver. Williamson（1979）认为交易成本的存在源于：人的有限理性（Bounded Rationality）和不确定性。其中不确定性包括三个层次：第一层次是自然状态导致的不确定性；第二

① 方红星，王宏. 企业风险管理——整合框架［M］. 大连：东北财经大学出版社，2005.

层次是由于缺乏有效沟通而导致的不确定性；第三层次是行为方面的不确定性，即机会主义倾向（Opportunism），这是最主要的不确定性，因此也可以说交易成本主要源于人类的有限理性（Bounded Rationality）和机会主义倾向。

（1）有限理性。尽管每个个体都期望以尽可能理性的方式进行交易，但由于现实中每个人的知识、技能、时间等都是有限的，从而使得个体无法实现完全理性地行动，此即有限理性（Herbent Simon，1957）。由于有限理性的存在，个体无法短时间内解决复杂的问题，同时也不能预计、预测未来可能发生的所有事情；即便他们能够预测一些突发事件（Contingency），也无法保证总能周详地计划并有效地执行恰当的正确反应。

（2）机会主义。所有交易行为都蕴藏着潜在冲突：因为交易双方都期望，并想尽办法从该项交易中获取更多利益。机会主义（Opportunism）指交易方可能选择通过不守诚信、逃避义务、规避约束的想法或其他各种旨在尽可能多获取交易租金的行为倾向[①]。机会主义行为分为两类：一类是对联合剩余最大化行为的偏离，即道德风险（Moral Hazard）；另一类是期望榨取更有利的合同条款或者强迫重新谈判订立新条款的行为，即敲竹杠（Hold-up）。

机会主义行为的代价十分高昂，首先，敲交易对象的竹杠和交易对象采取反击措施本身都直接消耗着有限资源；其次，机会主义可能导致协议无法达成或者错失应采取行动的契机，这些都是有利可图交易机会的失去。为了有效限制机会主义，需要在事前积极设计更加完善、缜密的契约条款以保护自身利益，或者在事后辅以更积极、细致地监督检查，而这些措施又都不可避免地对有限理性提出了更高的要求。因此，在选择和设计组织安排时，交易双方都需要持久性地去平衡“有限理性困境”和“机会主义威胁”之间的矛盾[②]。尽管并不是所有人都如此，但是由于人的有限理性会影响区分机会主义行为的能力，所以出于谨

① Williamson, Oliver E. Transaction Cost Economics: The Governance of Contractual Relations [J]. Journal of Law and Economics, 1979, 22: 233-261.
② Williamson, Oliver E. The Economic Institutions of Capitalism: Firms, Markets, Relational Contracting [M]. New York: The Free Press, 1985.

慎，需要对机会主义行为保持警惕。

3.3.2 行政事业单位职能、政府管理半径、业务活动与政府交易成本

该部分主要针对行政事业单位，探讨其业务活动、政府管理半径和政府交易成本三个概念之间的关系。

1）行政事业单位职能、政府管理半径与具体业务活动

依据是否体现其法定职责、使命可以将行政事业单位的业务活动分为核心业务活动和其他非核心业务活动（包括与公共财政资金流动有关的经济活动）。本书主要针对行政单位和行政性事业单位，即依照宪法和有关组织法的规定设置的，行使国家行政职权，负责对国家各项行政事务进行组织、管理、监督和指挥的行政管理部门，其核心业务活动主要是在法律权限下履行法定职能范围内的行政行为。

政府管理半径是指法律、法规赋予各级行政事业单位行政管理职能的大小、行政管理的事项范围与行政管理程度，政府管理半径与政府职能紧密相连[①]。政府管理社会的效率高低，主要取决于政府管理社会成本与政府管理社会效益的权衡，其中，政府管理成本的大小则主要取决于政府管理半径[②]。政府管理半径概念的提出对规范政府行为、控制政府成本膨胀、提高政府公共管理水平有重要的理论指导作用。

行政事业单位应当在法定的政府管理职能范围（即政府管理半径）内执行其业务活动，不仅包括核心业务活动，还包括为执行核心业务活动所必须的其他活动（与资金运转相关的经济活动）。

2）行政事业单位业务活动、政府交易成本与政府管理半径

行政事业单位职能和政府管理半径等概念的提出，无非都是为了解决政府与市场二者关系这一古老却常新的问题。从交易成本角度分析，市场并非完美，市场系统本身运行会发生一定成本，即“市场原生性交易成本”[③]，当买卖的交易成本超过买卖本身所得，交易双方便不会成

---

① 贺新宇，李杰．论政府管理半径［J］．湖北社会科学，2005（2）．
② 何翔舟．政府管理半径与成本的研究［M］．北京：中国社会科学出版社，2008．
③ 容志．市场化进程中的服务型政府建设——基于两种交易费用的分析［J］．上海行政学院学报，2009（9）．

交，于是制约了一部分市场交易的达成，在一定程度上阻碍了市场的形成。为促进市场充分发展，政府便担当起降低市场原生性交易成本的重任，其存在的意义在于用成本费用较低、速度快、效率高的政府交易代替成本费用较高、效率较低的市场交易、企业交易，从而实现整个社会交易成本的降低。以政府的行政立法和行政审批行为为例，行政管理部门通过制定并强制执行相关法律、法规以及审批、登记、颁发相关认可执照，将企业交易活动纳入强制监管体系内，一旦出现欺诈、违法行为便会受到政府的惩罚，否则自发形成的市场较难保证各成员都严格遵守市场交易约定，就会因为交易成本太高而导致一些交易无法达成。因此，为了降低市场原生性交易成本，需要政府为市场交易提供相应管理和公共服务[①]（如图 3-5 所示）。

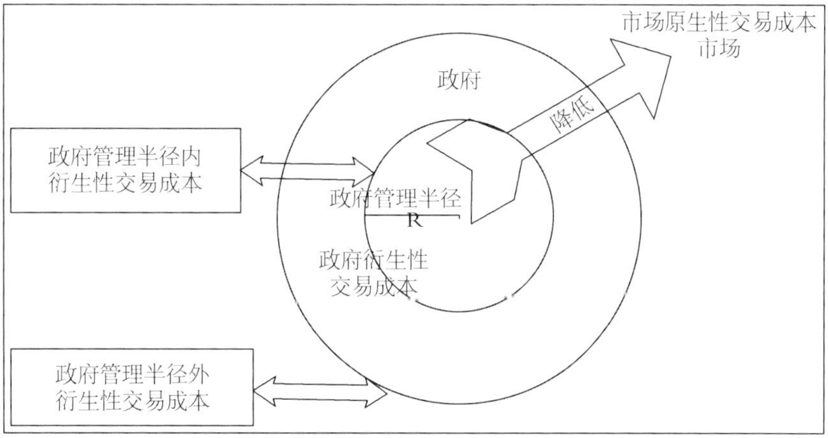

图 3-5　行政事业单位业务活动、政府管理半径及政府交易成本的关系

但是政府提供公共管理服务方面并没有有效地降低市场原生性交易成本。举例来说，政府如果将审批过程变成获取部门利益的手段，利用职权寻租，增加行政审批门槛以获取经济收益，反而增加了市场交易成本。此外，行政事业单位各项组织机构的建立和维护，以及政府行政行为履行过程本身会花费一定成本，为了与市场原生性交易成本相区别，我们称这部分成本为由政府干预带来的“政府衍生性交易成本”，这种交易成本的高低主要取决于政府行政机构运行和行政行为的效率，具有

① 尹苹苹. 从交易成本出发研究政府的职能［J］. 长江大学学报：社会科学版，2011（1）.

一定的弹性。从市场的角度来看，就可以把政府视作一种制度设计，其制度功能主要是为市场提供管理服务，降低市场部分高昂的交易成本。但是当政府职能扩大时，存在收益递减的现象，也就是说政府规模应达到均衡点，即政府组织一项交易的成本等于在市场中进行同样交易的成本。如果政府失效，即没有有效降低市场原生性交易成本，反过来就是政府交易成本增加了。

综上所述，政府交易成本应当定义为政府衍生性交易成本减去政府有效降低的市场原生性交易成本。政府交易成本的大小取决于政府衍生性交易成本和政府降低的市场性交易成本的高低问题[①]。

政府衍生性交易成本包括：①行政事业单位维持单位正常运转发生相关业务活动衍生的成本（政府运行成本）和履行法定职责完成核心业务活动所必须发生的成本（行政成本），二者即执行或变革现有管理半径权限所消耗的所有资源的总和（政府管理半径内交易成本）；②行政事业单位及其工作人员违反相关法律规定，违规获取资源的不良行政行为所造成的各种社会福利损失（政府管理半径外交易成本包括各类寻租成本：预算寻租成本、权力寻租成本、部门寻租成本等）；③非正式制度及对政府人员本身思想等因素的影响导致的行政活动过程中的交易成本，主要有：传统文化、行政文化；道德观念和价值导向；政府绩效考核制度错误导向等（政府管理半径外交易成本）。

3.3.3 交易成本和政府管理半径视角下行政事业单位内部控制框架

前文在分析内部控制、风险（不确定性）和交易成本关系的基础上，针对行政事业单位职能引入政府管理半径概念，并依据行政事业单位的业务活动界定政府交易成本内涵，进一步明确了行政事业单位职能、业务活动、政府交易成本与政府管理半径的内涵。

通过前述分析和探讨，本书搭建了政府交易成本与行政事业单位内部控制的关系，即行政事业单位业务活动层面的内部控制归根到底就是

① 孙光国，王文慧．预算控制导向的政府交易成本规范：一个监管框架［J］．改革，2014（10）．

要降低政府交易成本，既要有效控制和降低政府衍生性交易成本，还要提高行政管理水平，有效降低市场原生性交易成本（如图 3-6 所示）。基于二者关系，该部分将基于政府管理半径来解剖政府交易成本的方式对行政事业单位业务层面（包括经济活动和核心业务活动）内部控制的理论框架进行重构。

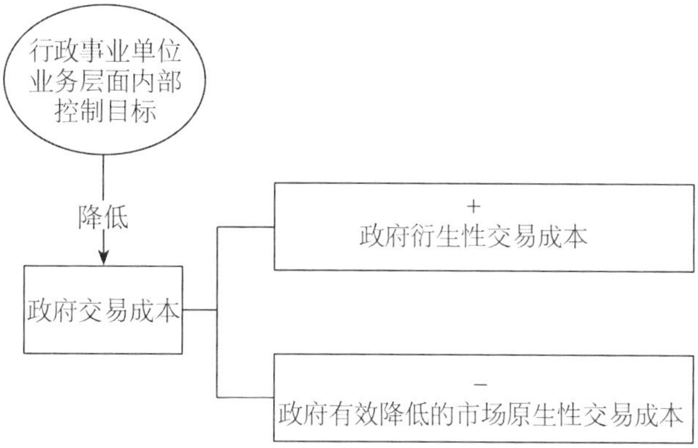

图 3-6 政府交易成本与行政事业单位内部控制的关系

1）行政事业单位经济活动内部控制

提出政府管理半径内交易成本概念的目的在于不断降低政府管理半径外交易成本（各类寻租成本），规范庞大的政府衍生性交易成本，使政府衍生性交易成本有效地控制在政府管理半径之内，即当前《行政事业单位内部控制规范》要求的行政事业单位经济活动内部控制的意义所在。

经济活动内部控制主要通过以下两个途径降低政府交易成本（如图 3-7 所示）：

（1）通过对预算业务、收支业务、政府采购业务、资产、建设项目和合同等六项经济业务流程和环节有针对性地对违反现有法律制度直接的或间接的经济成本加以控制（降低政府管理半径外交易成本），以保证单位经济活动合法、合规。

（2）通过强化诸多涉及资金利益的内部控制，在行政事业单位内部形成“不敢腐”的氛围机制（降低非政府管理半径交易成本），有效防范舞弊和预防腐败。

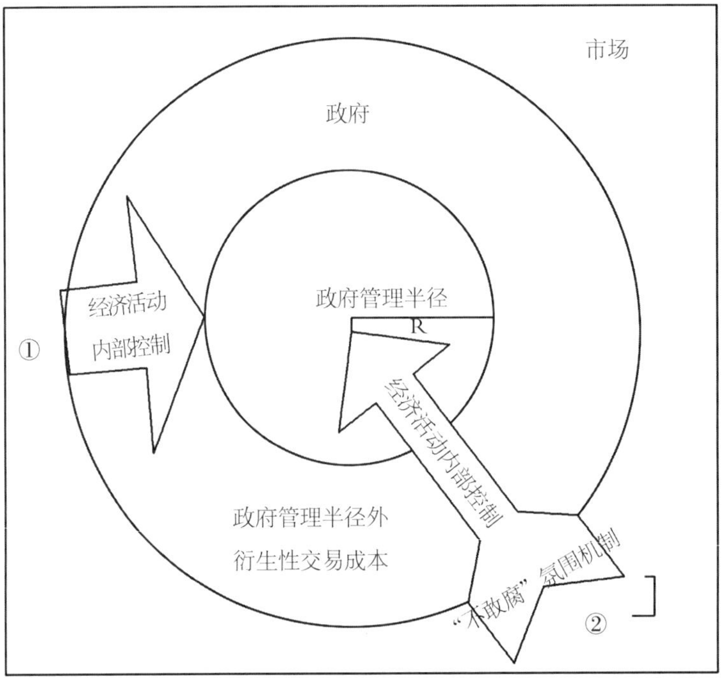

图 3-7 政府衍生性交易成本与行政事业单位经济活动内部控制

综上所述：行政事业单位经济活动内部控制，能够通过降低政府管理半径外交易成本和非政府管理半径交易成本，保证单位经济活动合法、合规和防范舞弊和预防腐败，能够实现行政事业单位内部控制最低目标。

2）行政事业单位核心业务活动——行政行为内部控制

政府交易成本并不是一味追求降低，要认识到：管理半径内交易成本具有合理性增长因素，即经济、社会发展客观增长和政府、市场互动关系中政府职能调整带来的成本。应当以交易成本的大小作为参考，确定政府职能边界，即政府组织一项新的交易发生的成本等于市场机制组织该项交易的成本的临界点。简政放权，在经济调节、市场监管、社会公共管理服务方面寻求政府权力平衡。同时政府应当通过与市场组织加强合作，充分利用市场竞争、价格等调节机制，吸收更多的社会资源参与公共服务供给，降低市场原生性交易成本。

行政行为业务层面内部控制是通过分析各类行政行为的执行程序与

规范，从中识别和评估可能存在的风险点，进而通过制定相应控制措施和执行程序的完善，对行政事业单位执行行政行为过程中可能存在的行政行为不当、行政效率低下、行政权力滥用、行政公信力丧失等风险进行防范和管控。行政行为内部控制主要通过以下两个途径降低政府交易成本（如图 3-8 所示）：

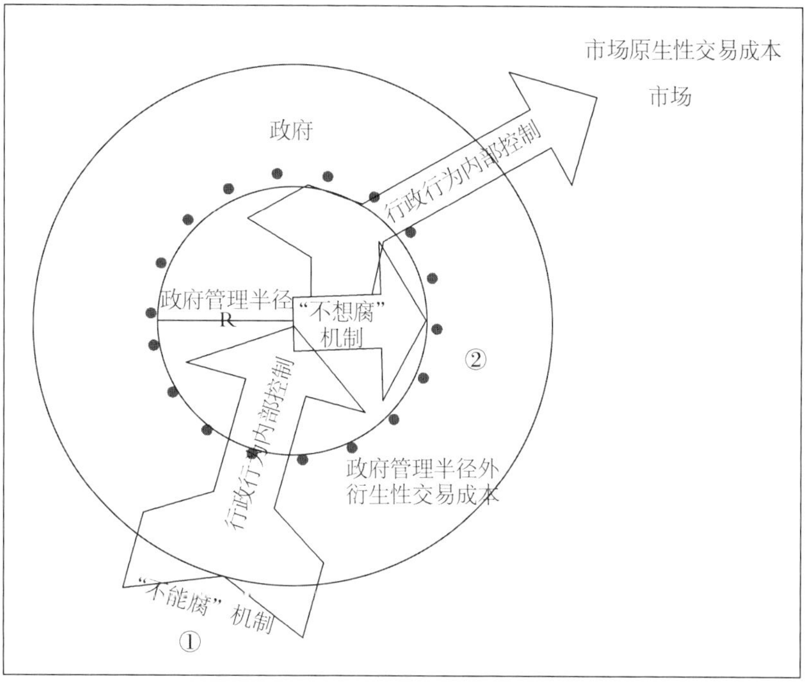

图 3-8　政府交易成本与行政事业单位行政行为内部控制

（1）通过对行政事业单位行政行为业务流程和环节加以控制，形成“不能腐”的权力制约机制，着力提高行政权力利用效率和效果，从而增强其行政管理效益（降低市场原生性交易成本），切实提高公共管理服务水平；

（2）通过强化行政事业单位核心业务活动的内部控制，通过对其权力及权力行使活动程序的严格管控，强化行政事业单位及其人员行政服务的公仆意识，在行政事业单位内部形成“不想腐”的积极行政文化机制（不仅能够从根源控制政府管理半径外成本，还能通过降低非政府管理半径交易成本实现降低政府交易成本的目的），真正提高行政事业单位行政效率和效益。

综上所述：对行政事业单位核心业务活动的行政行为进行内部控制，能从根源上控制政府衍生性交易成本，并且有利于降低市场原生性交易成本，提高行政事业单位行政效率和公共管理服务水平，能够实现行政事业单位内部控制的高级目标。

3.4 行政事业单位内部控制建设路径

该部分首先分析了内部控制、风险（不确定性）以及交易成本之间的关系，探讨了行政事业单位业务活动内部控制与政府管理半径、交易成本的关系，进而基于交易成本和政府管理半径视角对行政事业单位业务层面内部控制理论框架进行重构，明晰了行政事业单位业务层面内部控制建设路径（如图 3-9 所示）：

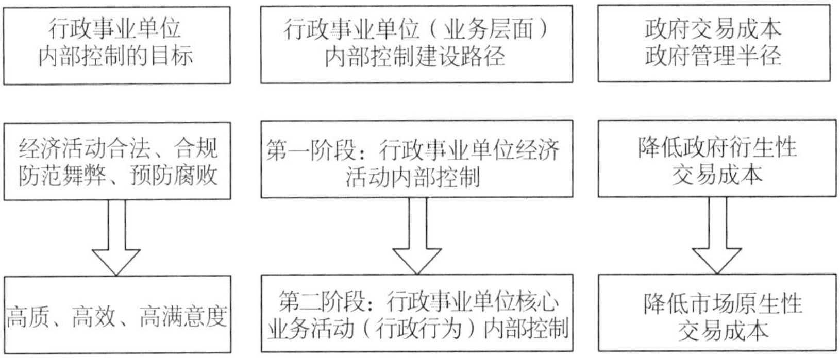

图 3-9 行政事业单位行政行为内部控制建设路径

1）对行政事业单位经济活动的监督、控制

着眼于行政事业单位共有的一般性经济业务活动，致力于控制政府衍生性交易成本，特别是不合理、不合规的政府管理半径外衍生性交易成本，合理保证单位经济活动合法、合规以及防范舞弊和预防腐败，以实现行政事业单位内部控制的初级目标。

2）对行政事业单位核心业务的重视及行政意识、文化的培养和激励作用

全面梳理行政事业单位不同类型的行政行为流程，设计相应风险防

控措施，可以有效保障政府管理半径成本与政府管理效益的匹配，有效通过政府管理服务降低市场原生性交易成本；同时，注重行政事业单位内部积极行政文化的培养及自我实现激励因素对于内部控制的关键作用。

在行政事业单位内部控制建设实践中，鉴于第一阶段经济活动内部控制已初步展开，应逐步将核心业务活动的行政行为内部控制纳入行政事业单位业务层面内部控制建设框架内，使其与单位经济活动风险防控建设分别从公共行政权力和公共财产利益两个方面对行政事业单位业务层面的内部控制建设相互配合、支持，同时加强行政文化的培养与构建，共同致力于帮助行政事业单位切实维护公共利益、提高行政效率、赢得民众的信任和支持。

4 行政事业单位行政行为内部控制框架概念明晰

鉴于对行政行为内部控制的关注严重不足，本书把目光重点关注到行政行为上，本章将针对事业单位行政行为内部控制的特殊性进行详细阐述，在前述理论框架下对行政单位的核心业务活动——行政行为内部控制框架的基本概念进行分析确定。首先基于广义内部控制不同层次内容对行政行为内部控制的内涵进行探讨，在此基础上分析确定行政行为内部控制的目标、主体范围、客体范围、主要原则及基本要素等。

4.1 行政行为内部控制的内涵

要确立行政行为内部控制框架，首先应当弄清楚行政行为的内涵。本书主要通过将行政行为内部控制置于广义内部控制层次之中及运用与内部控制理论、实践发展相比较的方式进行探讨。

4.1.1 从广义内部控制集合视角看行政行为内部控制

在对内部控制理论与实践长期不懈的探索中，国内外各专家学者、组织机构都从不同的研究目的和关注角度对内部控制进行了阐释，使得财务控制、管理控制、业务控制等概念愈发模糊和混乱。樊行健、刘光忠（2011）认为，内部控制是由多种子集组成的一个集合，要清晰地认识内部控制，应当分层次构建内部控制的集合。第一层次是包含不同主体（包括企业、政府部门、非营利组织等）、不同人（包括主体内部和主体外部）的广义内部控制；第二层次是区分不同类型主体（包括企业、政府部门、非营利组织等）的内部控制；第三层次是对同一主体区分不同视角和侧重点的内部控制①。

本研究本书提出的行政行为内部控制属于内部控制的第三层次，与现行行政事业单位内部控制一样，都是针对行政事业单位这一主体的内部控制，但是视角和侧重点有所不同。

对于行政事业单位内部控制，可以从机构特点、业务性质、人员层次、风险类型等诸多视角予以关注，不同的关注视角下，必然得出显著不同的结论。在我国，当前行政事业单位内部控制实践探索和规范制定主要根据我国行政事业单位的组织特点和业务特点，从单位层面和业务层面分别进行风险评估及相应的控制监督活动，但是对于业务层面却仅仅关注各个行政事业单位“同质化”的经济活动，并未关注各个行政事业单位的核心业务活动。

本研究本书提出的行政行为内部控制正是基于单位层面与业务层面的公认划分视角进行深入探索，希望将行政事业单位的业务活动范畴进行扩充，更有利于行政事业单位内部控制实践的深入。

4.1.2 从内部控制发展历程视角看行政行为内部控制

分析内部控制理论发展历程，从内部牵制论、内部控制系统论、会计控制与管理控制论、内部控制结构论发展到内部控制要素论、内部控制风险论，我们可以发现：尽管内部控制的思想早已应用到各项政治经济活动之中并发挥至关重要的作用，但是现行的内部控制概念、理论及规范最先并且主要来自于公司审计研究领域，从审计和现实可行性的角

① 樊行健，刘光忠．关于构建政府部门内部控制概念框架的若干思考［J］．会计研究，2011（10）．

度出发，内部控制理论研究发展逐渐呈现以下特点：无论是企业内部控制还是行政事业单位内部控制，都是以控制环境为控制背景，以单位的经济活动为控制重点，以偏离标准的行为为控制对象，以识别、评估进而消除偏差为控制目标，以事后监督评价、明晰责任为控制结果。立足业务流程但依据信息流程而实现，集中关注财务报告信息的准确性[①]。这些特点都显现着公司审计“纠错防弊”的深深“烙印”，在提高内部控制理论针对性和务实性的同时却在一定程度上扭曲和忽略了内部控制的本质，导致各个组织内部控制规范相互套用，呈现同质化、一致化倾向。

不论在任何主体、组织，内部控制归根结底是对人的行为的控制，集中表现为组织成员的行为，而组织成员的行为通常取决于组织性质[②]，随着社会经济不断发展、管理活动方式逐渐多元化，不同组织的内部控制制度设计也应当不断调整、优化以适应组织新的发展需求。

企业内部控制理论和实践相比行政事业单位内部控制更为成熟，已形成以岗位分设、授权控制、流程规范和程序牵制为主要内容的内部控制体系，满足了规范经济活动程序、保障财务报告信息可靠性的要求，并且逐渐在摆脱单纯“纠错防弊”的会计审计意义，将组织战略发展目标融入内部控制体系设计、丰富内部控制的内涵[③]。

但是反观与企业内部控制相比较为落后的行政事业单位内部控制，却并未及时跟随企业内部控制的最新发展动向和理念调整发展方向，依旧参照企业内部控制发展路径，依旧关注与企业无较大差异的“同质性”经济活动，依旧仅仅关注查错防弊、消除误差，对于行政事业单位特殊性质和行政人员行政行为的特殊意义考虑不足。比如，行政事业单位行政行为的失范意味着对人民群众赋予的公共权力的辜负，不仅会导致经济利益受损从而引致经济纠纷，更是关系到社会秩序安定的大事。行政事业单位营造积极行政文化环境、培养公共服务意识的重要性与企业经营文化环境的营造有本质上的差异。不仅在于“防”和“堵”即防治、惩戒违规行为，还需要“引”和“疏”，即优化行政行为和意识选

---

① 张砚，杨雄胜. 内部控制理论研究的回顾与展望［J］. 审计研究，2007（1）.
② 杨雄胜. 内部控制理论面临的困境及其出路［J］. 会计研究，2006（2）.
③ 杨雄胜. 内部控制理论研究新视野［J］. 会计研究，2005（7）.

择；信息沟通的重要性也更加重要，行政过程信息平台的建立和信息的及时传递、公布对于赢得公众信任具有重要意义；监督也不应仅寄希望于财政部门监督、审计监督和纪检部门监督，更应强化发挥各行政部门的主观能动性，实现外部控制与自我控制的统一。

行政行为内部控制的提出正是为了弥补当前《行政事业单位内部控制规范》在上述方面的不足，期望能对行政事业单位内部控制的改进和完善提出一己之见。考虑到业务活动层面内部控制的调整必然涉及单位层面内部控制进行相应的配合调整，以及对已有内部控制建设成效的继承和深化内部控制建设的可实现性，本书对于行政行为内部控制框架概念和体系的研究选择继续参照行政事业单位内部控制五要素和单位层面、业务层面相结合的研究结构，后文将分别就行政事业单位行政行为在内部控制目标、主体范围、客体范围、控制原则和基本要素方面的特殊性进行探讨。

4.2 行政行为内部控制的目标

行政事业单位行政行为内部控制的目标是行政事业单位建立和实施内部控制所要达到的目的。要切实弄清楚行政行为内部控制的目标，首先应分析行政事业单位在行政行为履行过程中可能存在的风险类型及行政事业单位行政行为需秉持的理念；进而需明确行政事业单位行政行为内部控制与当前行政事业单位经济活动内部控制的相同和不同之处，该部分将就此问题进行详述。

4.2.1 行政行为过程可能存在的风险

行政事业单位在履行行政行为的过程中，可能会面临以下三类风险：

1）行政行为不当、行政效率低下的风险

行政行为是行政单位和具有行政职能的事业单位依照法律、法规履行行政职能、对行政相对人乃至整个行政客体施加影响的行动。行政事业单位普遍存在不作为，不依据规定程序的随意作为，只考虑眼前缺乏长远规划、不科学的瞎作为，日常行政程序繁杂、拖沓并且各行政部门分工重叠不明晰、遇事推脱责任的乱作为等现象，这都是行政行为不当的体现，都隐藏着行政事业单位权责不清、行政效率低下的风险。

2）行政权力失控、奢侈浪费和贪污舞弊的风险

相对于“不作为、随意作为、瞎作为、乱作为”的低效率而言，滥用行政权力徇私谋利的“过度作为”对社会、国家的危害性更大。行政事业单位天然享有法律赋予的特殊行政权力且其资金补偿主要来自财政拨款，一旦行政事业单位各部门相关职责没有得到有效分离、缺乏独立权威的监督机制，行政人员就会恣意放纵，权力就会不断膨胀。当行政人员的公共服务意识和自我约束意识在权力、利益的迷惑下变得薄弱时，行政公权滥用、预算资金奢侈浪费及贪污舞弊等问题就会严重阻碍行政事业单位的正常发展。

3）公信力丧失的风险

行政事业单位应坚持合作、信任与沟通的理念。以上任何风险如果没有及时识别并有效控制都可能进一步恶化，“千丈之堤，以蝼蚁之穴溃；百尺之宝，以突隙之烟焚”，一旦行政事业单位的行为后果不再能有效维护公共利益，将会导致其在人民心目中的公信力土崩瓦解，这将是行政事业单位存续面临的最大风险。

4.2.2 行政行为内部控制的目标

依法治国是我国国家治理的基本方略，而依法行政是实现依法治国的重中之重。依法行政的要求意味着我国行政事业单位执行行政行为应当秉持以下理念①：

1）行政行为的法律从属性

我国《宪法》第 85 条、第 105 条规定，我国国家行政机关是通过持续、高效地执行国家权力机关法律、法规和决议，调整各种利益关系，实现国家权力机关立法意图或规制目的的国家机关。因此行政行为就是一种通过执行法律为公众提供服务的行为。行政事业单位的主要职

① 叶必丰. 行政行为原理［M］. 北京：商务印书馆，2014.

能体现在：将权力机关制定的法律规范具体应用到对行政事务的管理活动之中。社会经济发展瞬息万变，各项行政管理活动对象也多种多样，为提高行政管理的针对性和时效性，理应赋予行政事业单位一定程度的制定行为规则的权力，但是行政事业单位制定的行政规则仍从属于权力机关制定的法律，在本质上依然属于对权力机关法律规范的执行。因此，行政行为合法、合规与否的关键在于判断该规则与其从属的法律是否具有一致性。

2）行政行为的无偿性

行政行为是相关法律在特定利益关系中的具体体现。从实质来看，是行政事业单位对公共利益的集合和再分配。行政事业单位对公共利益的集合主要包括两类：一类是将不属于社会成员的利益确认为公共利益，这很显然具有无偿性；另一类是对属于社会成员的个人利益予以行政征收，又可分为税收征收和财物征收两种。其中具有普遍意义的无偿税收征收是实现社会公正的基本途径，针对具体事件中个别社会成员的财物征收，相当于特定相对人承担了其他社会成员并未承担的义务，给予相应补偿只是为了保证其与其他社会成员维持平等关系。因此，行政事业单位履行其职能对公共利益进行集合，原则上是无偿的，并不以等价、有偿为原则。

3）行政行为的服务性

我国《宪法》第 27 条规定，一切国家机关和国家工作人员必须依靠人民的支持，经常保持同人民的密切联系，倾听人民的意见和建议，接受人民的监督，努力为人民服务。人文精神的转变和公共利益观念的确立，使得行政行为不再是高高在上的“权力行为”，而逐渐转化为满足人民群众物质、文化、精神需要而组织的公共服务行为，即我们常说的“公务行为”，行政行为主体通过行政行为给予相对人受法律保护的权利，行政事业单位与人民群众之间的关系更多地体现着服务与合作。比如行政事业单位行政处罚行为、行政许可行为等都是为了给人民群众创造安定、有序、遵循公共规则、保障正当权益的社会氛围。

4）行政行为的过程性

以服务与合作、信任与沟通为理念的现代行政法，将行政事业单位行政行为看作从意思表示的发生和形成到做出和实现的时空运动过程。行政服务理念使得行政机关与行政相对人之间的权利关系可以追溯到做出最终决定之前。行政过程的法制化即行政程序（具有客观性和统一性），为行政法主体之间的诚实、信任提供了现实的操作规则和统一的客观标准，是对已确立诚信关系的一种保护。

按照行政事业单位行政行为的理念，可以将行政行为内部控制目标归纳为三个层次：

一、最低层次控制目标：合规，即遵守法律、法规的最低要求。行政事业单位的主要职能体现在将权力机关制定的法律规范具体应用到对行政事务的管理活动之中，行政行为的从属法律性决定了遵守法律、法规是行政事业单位履行行政行为最基本的目标，也是其他目标存在的前提和基础。该目标要求行政事业单位的行政许可、行政复议、行政确认、行政备案、行政给付、行政强制、行政裁决、行政处罚、行政征收等行政行为均在法律、法规允许的范围内，并按照法定规范程序获得相应要件方可进行。

二、中间层次控制目标：公正，即防范舞弊、预防腐败。行政事业单位行政行为的实质是对公共利益的集合、维护和分配。因此我国行政事业单位掌握着大量的公共资源，在资源分配过程中，由于缺乏对权力的有效制约和监督，权力滥用、贪污腐败等行为时有发生，造成对社会资源的极大浪费和分配不公。行政行为的无偿性决定了其内部控制应当以加强对公权力和公共利益利用情况的监督制约、防范舞弊和腐败为目标。

三、最高层次控制目标：高质、高效、高满意度，即提高行政效率和公共服务水平、增强政府公信力。随着人文精神的转变和公共利益观念的确立，行政行为应当越来越多地体现为公共服务行为（即公务行为），并致力于利用国家和人民赋予的公权力和公共利益来满足人民群众物质、文化、精神需要。行政行为的服务性和过程性赋予我国行政事业单位的职责使命是通过其行政行为管理公共事务、提供公共服务、提高行政行为效率和效果，这是行政事业单位行政行为内部控制的最高目标，也是行政事业单位经济活动和行政行为共同的最高目标。

4.2.3 行政行为与经济活动二者内部控制目标的比较

进一步，结合现行《行政事业单位内部控制规范（试行）》和我国行政事业单位内部控制建设实践现状，分析、比较行政事业单位行政行为内部控制和经济活动内部控制目标的异同。

1）《行政事业单位内部控制规范》规定的理想控制目标

《行政事业单位内部控制规范》第 4 条规定，行政事业单位内部控制的目标主要是：合理保证单位经济活动合法、合规，合理保证资产安全和使用有效，合理保证财务信息真实完整，有效防范舞弊和预防腐败，提高公共服务的效率和效果。

鉴于我国行政事业单位公共资金运用过程中腐败多发、社会影响恶劣的现状，《行政事业单位内部控制规范（试行）》对有效防范舞弊和预防腐败这一目标给予了重点关注，具有较强的现实针对性，这也是与企业内部控制规范和国外政府部门内部控制标准相比所具有的中国特色。《行政事业单位内部控制规范（试行）》对行政事业单位内部控制提高公共服务效率和效果这一目标的提出，也表明了其期望的战略性[①]。

然而，在行政事业单位业务层面内部控制风险评估和控制活动设计时，却局限于针对经济活动的合法合规、查错防弊的效率型内部控制，使得当前我国行政事业单位内部控制建设实践过于注重对经济业务层面各环节的控制（“治标”），对于行政行为层面内部控制的重视度不够（没有“治本”），使得内部控制效果发挥不足，提高公共服务效率和效果的最高目标难以全面实现。

2）行政行为内部控制和经济活动内部控制目标的共同点

如前文所述，行政事业单位的经济活动内部控制（即当前我国行政事业单位内部控制建设实践），着眼于行政事业单位共有的一般性经济业务活动，通过控制政府衍生性交易成本，特别是不合理、不必需的政府管理半径外衍生性交易成本，能够实现合理保证单位经济活动合法、合规和防范舞弊、预防腐败的控制目标，但这只是实现了行政事业单位

① 王鹏. 全面准确理解好执行好行政事业单位内部控制规范［J］. 财务与会计，2013（12）.

内部控制的初级目标。

而本书强调的行政事业单位核心业务——行政行为内部控制，全面梳理行政事业单位不同类型的行政行为流程，设计相应风险防控措施，以有效保障政府管理半径成本与政府管理效益的匹配，有利于提高行政行为效率，降低市场原生性交易成本，当然有利于保证行政事业单位行政行为的从属法律性和实现维护公共利益、防范舞弊腐败的初级控制目标。

因此，行政行为内部控制与单位经济活动风险防控建设均分别从公共行政权力和公共财产利益两个层面着手，共同保证行政事业单位各项业务合法、合规，预防腐败舞弊风险。

3）行政行为内部控制和经济活动内部控制目标的差异

与经济活动内部控制相比，行政行为内部控制目标具有以下特殊性：

（1）行政行为内部控制致力于提升行政事业单位公共服务的高质量、高效益和高满意度（高级目标）。行政事业单位内部控制目标中前四个目标（即保证经济活动合法合规、资金和资产安全完整、财务信息真实完整、防范舞弊和腐败）都是对行政事业单位经济活动最基本的合规要求，提高公共服务的效率和效果是行政事业单位发展目标的最高层次。

（2）行政行为内部控制不仅要求对行政行为活动过程中可能的风险进行控制，还要注重对行政文化的培养，以真正实现行政效率的提高和对国家公权与公共利益的维护。实现依法行政是一个系统工程，不仅需要通过设计完善、缜密的控制制度规范加以保障，更关键的是行政观念的转变，才能使制度规范能够有效运行。

因此，行政行为内部控制的推进可以唤起行政事业单位及其人员对其核心业务活动的关注和重视，有利于行政事业单位内部积极行政文化及公共服务意识的培养，从而保障经济活动和行政行为内部控制规范的执行有效性，从公共行政权力和公共财产利益两个层面对行政事业单位的内部控制建设相互配合、支持，致力于帮助行政事业单位能够切实维护公共利益、提高行政事业单位的效率、效益和公信力。

4.3 行政行为内部控制的范围界定

开展内部控制建设，必须首先进行范围界定。借鉴并对比《行政事业单位内部控制规范》中行政事业单位经济活动内部控制的范围，本书对行政事业单位行政行为内部控制的范围进行以下界定，包括主体范围和客体范围。

4.3.1 行政行为内部控制的主体范围

行政行为主体是指根据中国有关法律、法规授权具备法定条件并且能在权限范围内以自己的名义行使国家行政职权，做出影响行政相对人权利义务的行为并能由其本身对外承担法律责任的组织。

我国拥有世界上数量最为庞大的行政事业单位，但并不是所有行政事业单位都应纳入本书所提及的行政事业单位行政行为内部控制研究范围。

依照《公务员法》管理的各行政单位，即中国共产党各级机关、各级人民代表大会及其常务委员会机关、各级行政机关、各级中国人民政治协商会议委员会机关、各级审判机关、各级检察机关和民主党派各级机关都由财政资金保障、并享有一定公权力，以防范行政风险、提高行政行为效率和公共服务效果的标准来看，都应纳入行政事业单位行政行为内部控制的主体范围。

事业单位比较复杂，《中共中央国务院关于分类推进事业单位改革的指导意见》按照事业单位承担的社会功能将其划分为承担行政职能的行政性事业单位、从事生产经营活动的经营性事业单位和从事公益服务的公益性事业单位。

因此，行政事业单位行政行为的内部控制主体范围应当限定于所有实施行政行为的主体，即所有行政单位和具有行政管理职能的行政性事业单位。并且，对于上述主体范围具有如下资格要求：

（1）行政主体资格，即行政行为必须由行政主体做出，不是行政主体无权做出行政行为；

（2）行政行为权限，即法律、法规为每个行政主体规定了法定的权限，行政主体只能在法定的权限范围内实施行政行为，否则会构成行政行为主体不合法（如工商行政管理机关对实施了违反《治安管理处罚条例》行为的公民处以罚款，因工商行政管理机关在法定的权限范围外实施该行为，构成了该行为主体不合法）；

（3）相应会议讨论决定通过的程序，法律、法规规定了一些行政行为必须通过会议讨论，然后经行政首长签署，才能对外发生法律效力，行政行为的做出必须通过满足法定人数出席的会议、遵守规定的会议流程、相应行政首长的签署才能视为相应行政主体的行为。

4.3.2 行政行为内部控制的客体范围

客体范围，就是内部控制指向的对象范围，也就是行政事业单位的日常运营管理活动。

《行政事业单位内部控制规范》在确定行政事业单位内控客体范围时同样面临着如下困扰：内部控制理念已从会计审计意义深化、拓展为组织战略管理和风险控制，如果仍将行政事业单位内部控制限定于财务领域，则背离了内部控制理论的发展趋势；而当前行政事业单位内部控制主要由财政部负责推进，如果定位于行政事业整体运营管理活动则超出了财政部的职责范围，观念上较难被接受，实际工作推进中也对财政部提出了更高的要求。因此，《行政事业单位内部控制规范》最终将客体范围限定为以资金、预算为主线的行政事业单位经济活动[①]。

然而，随着行政事业单位经济活动内部控制在各级行政事业单位的顺利铺开，内部控制的观念已深入人心，再加上十八大以来，“规范公共权力的运行、加强对行政权力的制约和监督，把权力关进制度的笼子里，建设科学、结构优化、廉洁高效、人民满意的服务型政府”的思想和号召已随着一系列政策条例得到落实，深深植入行政事业单位每一个人的意识之中。因此，当前形势下，应该并且也能够将行政事业单位内部控制的指向范围进行拓展，在实现对经济活动控制的基础上，更需要

① 刘国强. 行政事业单位内部控制的目标研究［J］. 财会学习，2013（12）.

重视行政事业单位的职责权能体现——行政行为客体。

本书认为《行政事业单位内部控制规范》中确定的行政事业单位内部控制的范围并不全面，在此将行政事业单位内部控制的客体范围从“经济活动”扩大到所有“业务活动”，即行政事业单位在履行行政职能、执行行政行为过程中所发生的一切活动，包括所有行政事业单位为履行其法定职能所执行的核心业务活动和因此必须发生的非核心业务活动（包括经济活动）。行政事业单位的核心业务活动应是由其法定职责的使命决定的，除此之外发生的任何其他业务活动，包括与公共财政资金流动有关的经济活动，都应当是履行该法定职责、维持单位正常运转、高质量完成其核心业务活动所需要发生的。比如行政立法行为内部控制的客体是行政立法过程，虽不涉及经济资源的运动，但却是行政事业单位承担公共服务职能的权力体现，是其核心业务工作；工程建设活动内部控制的客体是工程建设项目，具有明显的经济活动特征，但是并非行政事业单位的核心业务工作，只是为了维持单位正常运转和改进其职能履行状况而进行的业务活动。行政事业单位内部控制不应仅仅局限于控制各类单位共同面临的资金消耗、资产安全、财务信息等风险，还需依照行政事业单位职能性质差别制定针对前文所述的行政事业单位核心业务活动——行政行为的内部控制制度。

4.4 行政行为内部控制的主要原则

内部控制原则是行政事业单位在建立和实施内部控制过程中所必须遵循的基本要求，在原则的指导下，行政事业单位应当依据自身行政行为特点，充分发挥主观能动性，建立并组织实施内部控制。本书对行政事业单位行政行为内部控制原则的分析，首先通过与企业内部控制原则相比较，分析探讨行政事业单位内部控制的原则，进而在行政事业单位内部区分比较行政行为与经济活动内部控制原则的差异。

4.4.1 行政事业单位与企业的内部控制原则比较

《企业内部控制基本规范》（财会〔2008〕7 号）第四条规定，企业建立与实施内部控制应当遵循全面性、重要性、制衡性、适应性和成本效益原则，具体如下：

（1）全面性原则，即内部控制应当贯穿决策、执行和监督全过程，覆盖企业及其所属单位的各种业务和事项；（2）重要性原则，即内部控制应当在全面控制的基础上，关注重要业务事项和高风险领域；（3）制衡性原则，即内部控制应当在治理结构、机构设置及权责分配、业务流程等方面相互制约、相互监督，同时兼顾运营效率；（4）适应性原则，即内部控制应当与企业经营规模、业务范围、竞争状况和风险水平等相适应，并随着情况的变化及时加以调整；（5）成本效益原则，即内部控制应当权衡实施成本与预期效益，以适当的成本实现有效控制。

《行政事业单位内部控制规范（试行）》（财会〔2012〕21号）第五条规定，行政事业单位建立与实施内部控制应当遵循全面性、重要性、制衡性和适应性原则，具体如下：

（1）全面性原则，即内部控制应当贯穿行政事业单位经济活动的决策、执行和监督的全过程，实现对经济活动的全面控制；（2）重要性原则，即在全面控制的基础上，内部控制应当关注行政事业单位经济活动的重大风险；（3）制衡性原则，即内部控制应当在行政事业单位内部的部门管理、职责分工、业务流程等方面相互制约和相互监督；（4）适应性原则，即内部控制应适应具体行政事业单位的实际情况，并按照外部环境、单位经济活动和管理要求的变化持续调整和完善。

行政事业单位内部控制原则与企业内部控制原则名称大体一致，但内容上蕴含着二者独有的特点。与企业内部控制的主要原则相比，行政事业单位的内部控制原则在全面性原则和成本效益原则上具有较大差异，具体如下：

（1）全面性原则差异。企业内部控制的全面性原则强调：内部控制应当贯穿企业决策、执行和监督全过程，覆盖企业及其所属单位的各类业务及事项。而行政事业单位内部控制的全面性原则强调：内部控制应当贯穿行政事业单位经济活动的决策、执行和监督全过程，实现对经济活动的全面控制，但是未将行政事业单位核心业务活动纳入全面控制之中，未充分覆盖行政事业单位的主要业务活动，考虑现实执行因素的权宜之举在一定程度上削弱了对全面性原则的坚持。

本研究本书认为，行政事业单位内部控制要切实坚持全面性原则，应当将对行政行为活动的内部控制纳入内部控制范围。

（2）成本效益原则差异。企业内部控制成本效益原则强调：内部控制应当权衡实施成本与预期效益，通过付出适当的成本来实现预期的内部控制效果。而行政事业单位内部控制并没有把成本效益原则单列。行政事业单位内部控制原则的调整主要出于以下考虑：行政事业单位不以营利为目的，其诸多社会效益很难用财务的、经济的量化指标来衡量，难以权衡实施内部控制的成本与效益的关系，因此将成本效益原则囊括在适应性原则中，要求行政事业单位在按照规定建立和实施内部控制制度规范时，注重对本单位具体特殊性的适应，体现本单位内部控制特色①。

本研究本书认为不能因行政事业单位绩效难以确切衡量就忽视成本效益原则的重要性和必要性。对于行政事业单位业务活动内部控制是否要坚持成本效益原则，不能“一刀切”，应当一分为二地看：

一方面，行政事业单位非核心业务活动（包括经济活动）多发生于公平、平等的交易主体之间以及存在管控关系的单位内部，维持单位正常运转和执行核心业务活动所必须发生的活动才是合理的、合规的。比如，针对行政事业单位正常工程建设项目支出建立的控制程序成本与该工程完工后的使用效益评价，与企业工程建设内部控制无异，理应考虑投入产出比。如若不对此原则进行强调，政府采购业务、建设项目支出等经济业务内部控制设计和执行成本过高，反而对行政事业单位造成较大负担，更不利于对核心业务活动的关注，其内部控制效益可能还不及成本。本书认为行政事业单位非核心业务，特别是经济活动业务内部控制应当考虑成本效益原则。

另一方面，行政事业单位核心业务活动——行政行为，法律赋予其管理职能并强制保障其公益效果，不断追求构建政府和公民之间公正、信任的和谐关系。

① 王鹏．全面准确理解好执行好行政事业单位内部控制规范［J］．财务与会计，2013（12）．

尽管针对各类行政行为流程分析、识别风险并建立相应控制制度体系、实施体系及评价体系，耗费的成本较大，但是由于行政行为是行政事业单位的核心业务，通过该控制措施可从根源上管控行政事业单位面临的诸多风险，并且行政行为内部控制对行政事业单位内部积极行政文化和公共服务意识的培养可能带来的行政行为满意度和公信力的提高，虽无法明确衡量其绩效，却是付出较大内部控制成本也值得的。本书认为，行政事业单位行政行为内部控制无需特别强调成本效益原则。

4.4.2 行政事业单位行政行为与经济活动的内部控制原则比较

本研究本书认为，行政行为内部控制原则与经济活动内部控制原则相比的特殊性体现在：

1）不受成本效益原则的限制

上文已经提到，该差异实质上是“重要性”判断的结果。行政事业单位的核心业务活动是由其法定职责的使命决定的，通常行政事业单位的核心业务活动是“因”，而经济活动是执行核心业务活动带来的“果”；核心业务活动是“本”，而经济活动是外在的“标”[①]。行政事业单位先要控制好“因”，才有可能制约“果”；要“治标”，先要“治本”，所以核心业务活动内部控制应当成为行政事业单位单位内部控制综合系统中的关键部分。出于“重要性”考虑，再加上行政行为内部控制带来的效益主要体现为社会公共服务水平的提高、政治经济秩序稳定等无法可靠计量的范畴，因此行政行为内部控制无需特别强调成本效益原则，将其囊括在适应性原则中即可，给予行政事业单位“量体裁衣”的自由度。

2）监督与激励并重的原则

行政行为与经济活动之间除了重要性差异之外，还有一个最大的不同在于：行政行为的服务性和政治利益特点。在这种服务理念下，政府与公民之间是一种服务与合作的行为关系，这种服务关系的好坏又直接关系着国家政治稳定的大局。因此，行政行为内部控制不仅要设计完

① 刘国强．行政事业单位核心业务内部控制原则初探［J］．财会学习，2014（1）．

善、缜密的制度规范加以监督控制，更要在倡导、培养积极行政氛围的方式的同时完善激励机制，满足行政人员自我实现的需求，促进其主观行政观念的转变和服务意识的提高，才能真正保障内部控制制度规范的现实执行力。

4.4.3 行政事业单位行政行为内部控制原则

基于上述比较分析，本书提出行政事业单位行政行为内部控制应当遵循以下原则：

1）全面性原则

内部控制应当贯穿于行政事业单位行政行为始末，实现全面的、全过程的控制。由于行政事业单位内部控制最终都是要靠人去建立和实施的，因此内部控制在层次上应当涵盖各个层级的人员，包括所有相关工作人员和单位负责人；在对象上应当覆盖单位及其所属单位的各项行政行为；在行政程序上应当渗透到调查、公示、审核、决定、执行等各个环节，防止内部控制程序漏洞。

2）重要性原则

在全面、全过程控制的前提下，行政行为内部控制应当强化重点，对各种行政行为程序和要件分类、归纳出所属的行政行为内部控制模式，并按照各模式下主要风险设计相应的内部控制措施。

与“同质性”经济活动内部控制主要关注财务风险的不同，行政行为内部控制更关注各行政事业单位的核心业务活动——行政行为可能存在的各类能力风险、效率风险、公信力风险，这本身也是重要性原则的体现。

3）制衡性原则

制衡是指行政事业单位在议事决策机制、部门机构设置、权责分配、业务流程等方面相互制约、相互监督，保证不同部门、岗位之间的权责分配符合内部牵制的基本要求。从横向关系看，完成某项任务需由两个或两个以上平行且相互独立的部门或人员共同协作完成；从纵向关系看，完成某项任务需经过互不隶属的两个或两个以上的岗位或环节，形成下级受上级监督、上级受下级牵制的监督制约机制，且任何人不得有凌驾于内部控制之上的权力。

但是需要强调的是，与经济活动“查错防弊”的内部控制不同，行政行为内部控制不能一味片面地强化制衡，更需注重行政事业单位开展核心业务活动——行政行为的效率和效果，不拘泥于表面形式的制衡，强调不同行政行为内部控制模式所体现理念和流程的遵循。

4）适应性原则

行政行为内部控制应当与各行政事业单位的行政职能和公权力行使特点相适应，并需要依据行政环境及时加以调整。鉴于行政行为内部控制重点关注的是各行政事业单位具有“特殊性”核心业务活动，而非“普遍性”的经济活动，因此通过构建行政行为内部控制模式而提出的内部控制流程规范只是对行政行为诸多“特殊性”的共性提炼，在行政事业单位具体建立各单位行政行为内部控制制度、程序和措施时应当结合本单位行政职能、核心行政行为活动及特定的行政环境要求，细化并完善制度、程序、措施，探索适合本单位并能有效提升本单位行政效率效果的行政事业单位内部控制体系。

5）监督与激励并重原则

服务型政府是政府治理改革的重要方向，作为政府治理基石的行政事业单位内部控制也应充分考虑这一原则①。行政事业单位行政行为内部控制建设中，依照行政行为程序制定并实施诸多控制措施的同时，要充分考虑行政行为的执行主体——行政人员基本保健因素和激励因素的保障，激发行政人员自我实现的需求，引导其主观行政观念的转变和服务意识的提高，使其最大限度地发挥公共服务能力，从而提高公共服务水平和满意度。

4.5 行政行为内部控制的基本要素

提出内部控制目标是为了明确内部控制的方向和目的，而提出内部控制的基本要素则是为了明确如何才能有效地实现内部控制目标。内部

---

① 白雪迪，张庆龙．行政事业单位内部控制规范几个问题的探讨［J］．财务与会计，2013（7）．

控制的基本要素是构建内部控制制度规范的基础与核心。

尽管本书致力于扩充、丰富行政事业单位业务层面内部控制内容，但是由于业务活动层面内部控制的调整必然涉及单位层面内部控制进行相应的调整，加上对已有内部控制建设成效的继承和深化内部控制建设的可实现性的考虑，本书对于行政行为内部控制框架概念和体系的研究，将沿用当前行政事业单位内部控制五要素和单位层面、业务层面相结合的研究结构，现主要就行政事业单位行政行为在内部控制基本要素方面的特殊性进行探讨。

4.5.1 行政事业单位内部控制要素（普遍性）

我国《企业内部控制基本规范》将世界主要经济体内部控制理论主张与实践经验相结合，采用 COSO 报告《内部控制——整体框架》中确立的内部控制的“五大要素”框架，同时借鉴、吸收了风险管理“八要素”的管理理念，确立了包括单位层面和业务层面的、以内部环境为基础、以风险评估和控制活动为主要环节、以信息与沟通为重要条件、以监督控制为保障的企业内部控制要素结构。

我国《行政事业单位内部控制规范》中对于行政事业单位经济活动的内部控制要素与企业内部控制控制要素相协调，在形式上仍然沿用但并未严格遵循保护单位层面和业务层面的内部控制“五要素”结构（内部环境、风险评估、控制活动、信息与沟通、监督控制）[①]，行政事业单位内部控制特殊性质和组织形态使得其基本要素的内容实质存在较大差异。为了充分与现有规范接轨，本书沿用《行政事业单位内部控制规范（试行）》确立的行政事业单位“五要素”和单位、业务层面相结合的研究结构，在本部分首先分析行政事业单位内部控制要素特征及逻辑关系。

1）行政事业单位单位层面内部控制

《行政事业单位内部控制规范（试行）》在建立我国行政事业单位内部控制时的创新之举便是强调了单位层面内部控制的关键作用——业

① 刘永泽，张亮．我国政府部门内部控制框架体系的构建研究［J］．会计研究，2012（1）．

务层面内部控制的基础，并提出主要在内部控制环境、财务体系、内部审计体系和信息与沟通几个方面加强单位层面的内部控制。

（1）内部环境要素。行政事业单位内部环境确定了内部控制的基调，是行政事业单位内部控制规范制定和有效实施的基础，同时也是其他四要素的基础，主要包括领导的态度及素质、议事决策机制、组织架构、人力资源政策、激励约束机制、单位文化等[①]（如图 4-1 所示）。一定程度上，内部控制的执行力和执行效果根本上取决于内部环境的好坏，不仅在于各项组织条件、制度规范的设置完善，更在于行政事业单位整体的文化氛围和此文化氛围引导下的价值取向。

现行《行政事业单位内部控制规范》并未对内部环境各部分都面面俱到，而是从实用和可控的角度入手格外强调内部环境中的财务体系、审计体系，这也跟《行政事业单位内部控制规范（试行）》将行政事业单位“同质性”经济业务活动作为控制客体范围有关。

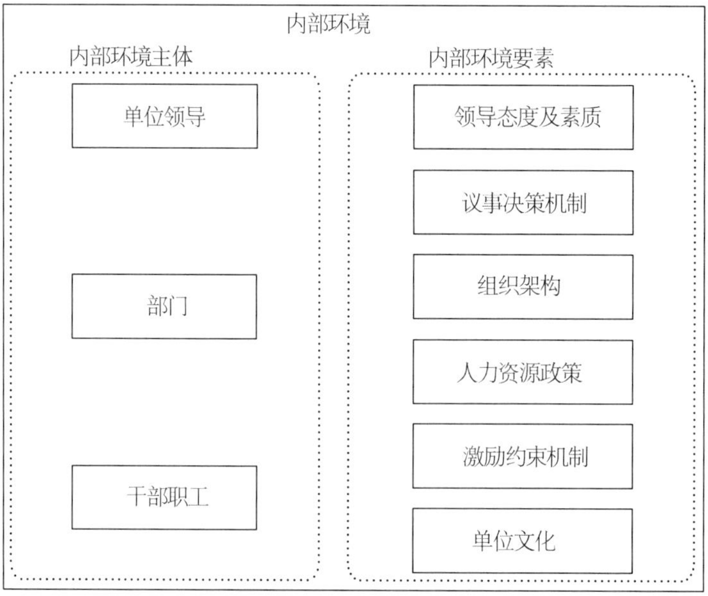

图 4-1 行政事业单位内部环境

（2）信息与沟通要素。在单位内部、单位内部与外部之间，信息的

① 方周文，张庆龙，聂兴凯．行政事业单位内部控制规范讲解［M］．上海：立信会计出版社，2013.

及时传递和有效沟通的重要性不言而喻。信息通道的畅通与信息共享的透明度，极大地影响着行政事业单位的风险水平和内部控制的效率和效果。信息与沟通贯穿于内部控制风险评估、控制活动和内部监督的全过程，无论是风险评估信息来源、控制活动信息传递、监督评价结果反馈都需要借助信息与沟通来实现，同时这也是内部环境发挥其基础性作用的必要桥梁和支撑。

现行《行政事业单位内部控制规范》对于信息与沟通的重视主要限于信息技术的运用，通过信息化的手段将内部控制固化到信息系统之中以减少信息传递过程中人为因素的参与和影响，这也是由《行政事业单位内部控制规范（试行）》将行政事业单位"同质性"经济业务活动作为控制客体范围、以"查错防弊"为基本控制目标所决定的。

（3）评价与监督要素。内部控制的评价与监督是保障内部控制制度得以执行、实施并取得预期成效的必要环节，通过对行政事业单位内部控制制度健全度和执行效率、效果进行监督与评价并以书面报告的形式出具并做出相应处理。

《行政事业单位内部控制规范》确立了行政事业单位内部控制自我评价、内部监督、外部监督三个层次的监督机制以保障行政事业单位内部控制执行效果，外部监督包括财政部门和审计部门的监督，同时也包括纪检、监察部门对党组织及其成员、国家行政机关及相应公务人员的特殊监督作用，但是《行政事业单位内部控制规范（试行）》明显更重视财政部门和审计部门的财务监督作用及内部控制自我评价报告的作用。

2）行政事业单位业务层面内部控制

现行《行政事业单位内部控制规范》定位于行政事业单位普遍存在的经济业务活动，因此其提出的业务层面内部控制主要包括：预算业务内部控制、收支业务内部控制、政府采购业务内部控制、资产内部控制、建设项目内部控制和合同（主要是指经济合同）内部控制。

（1）风险评估要素。风险评估是全面而又具体、具有共性但又因业务不同千差万别的循环往复、不间断的过程，是内部控制框架体系最为核心的环节，最为关键的组成部分，各个单位、各个业务活动都应当敏感、谨慎地关注、评估可能存在的风险，因此风险评估要素贯穿于各行政事业单位的各种业务活动。

现行《行政事业单位内部控制规范》提出行政事业单位风险包括宏观和微观这两个层次的风险。其中宏观层次风险比较宽泛（如前文所述的行政事业单位可能面临的职权滥用风险、资金使用低效率风险、资源不合理配置风险、寻租风险等），微观层次风险主要存在于行政事业单位各具体业务活动（如前文所述的预算管理、政府采购、资产管理、建设项目等等）及其流程之中。规范对于风险评估更多是基于微观风险的防控，宏观风险防控目标的实现离不开各个微观风险防控的累积，因此，风险评估更多地被用于业务层面内部控制。

（2）控制活动要素。识别并评估行政事业单位存在的风险后，便需要考虑如何选择有效的控制活动来规避或尽可能地降低风险。控制活动与单位业务活动、业务活动风险评估紧密相关，因此控制活动要素也贯穿于各行政事业单位且遍及各层级和各业务活动，并需要针对不同类型、不同程序的业务活动需要采取不同的控制活动。

现行《行政事业单位内部控制规范》对风险评估和控制活动要素的运用主要是在梳理和对行政事业单位各项经济业务活动归类的基础上，坚持预算管理的主线，划分事前规划、事中控制和事后记录三个阶段，这也是《行政事业单位内部控制规范（试行）》内部控制客体范围确定的必然结果。

综上所述分析，行政事业单位内部控制五要素的逻辑关系可以总结如下：环境要素、信息与沟通要素是保障行政事业单位内部控制得以实施的基础条件，评价与监督要素是行政事业单位内部控制的必要保证条件，三者都属于行政事业单位的单位整体层面内部控制要素；风险评估要素、控制活动要素是行政事业单位内部控制的关键核心环节，是行政事业单位内部控制的主要内容，二者更侧重于行政事业单位业务活动层面内部控制的要素。行政事业单位内部控制的要素特征及逻辑关系见图 4-2[①]。

---

① 樊行健，刘光忠．关于构建政府部门内部控制概念框架的若干思考［J］．会计研究，2011（10）．

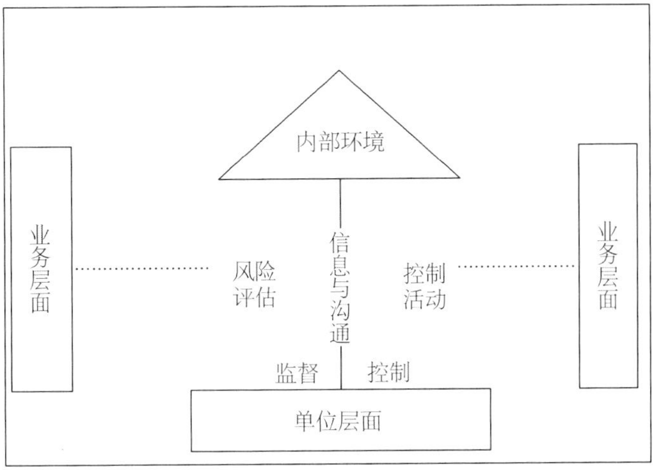

图 4-2　行政事业单位内部控制五要素（普遍性）

进一步地，从上述内部控制基本要素的分析中可以发现现行《行政事业单位内部控制规范》由于在业务活动层面主要针对各行政事业单位普遍存在的"同质性"经济活动，使得其无论在单位层面控制要素还是在业务层面控制要素都不尽全面、存在偏颇，分别体现在：在内部环境要素方面，过于强调财务体系、审计体系，对人力资源政策、单位行政文化、单位领导素质等"人"的关注不足；在信息与沟通要素方面，局限于关注运用信息技术"查错防弊"，对行政事业单位信息社会公开的关注不够；在评价与监督要素方面，重视财政部门和审计部门的财务监督作用及内部控制自我评价报告制度，由于未考虑核心业务活动使得绩效考核制度无从执行，过于强调监督控制"违规"与否、忽视激励因素，很可能诱致更多行政"不作为"问题；在风险评估要素和控制活动要素方面，由于定位于经济活动，并非行政事业单位的核心业务活动，因此只能实现对微观风险的防控，更宏观层次的风险仅靠对经济活动的控制是无法达到的，而这却并非行政事业单位内部控制的初衷。

因此要实现合规、公正和高效的宏观控制目标，应当在经济活动内部控制推进的基础上开始关注行政事业单位核心业务活动——行政行为活动（如图 4-3 所示）。

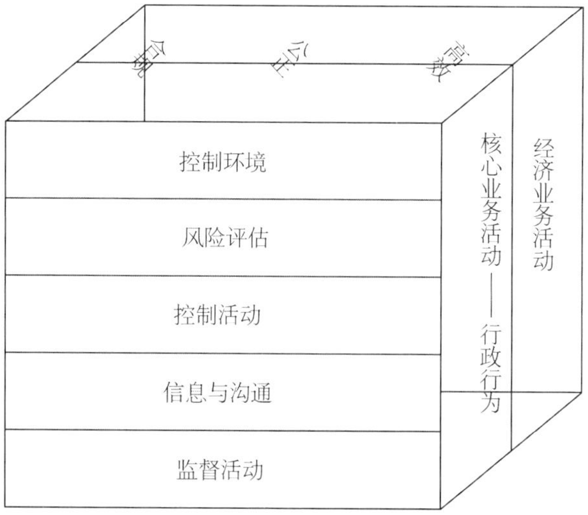

图 4-3 行政事业单位内部控制基本要素

4.5.2 行政事业单位行政行为内部控制五要素（特殊性）

行政事业单位行政行为的失范意味着对人民群众赋予的公共权力的辜负，不仅仅是经济利益受损引致经济纠纷，更是攸关社会主义国家存续、社会秩序安定、民心所向的大事。本书提出的行政行为内部控制基本要素仍然坚持前述要素结构和逻辑关系，但是本部分将针对行政行为内部控制要素的特殊性予以探讨（如图 4-4 所示）。

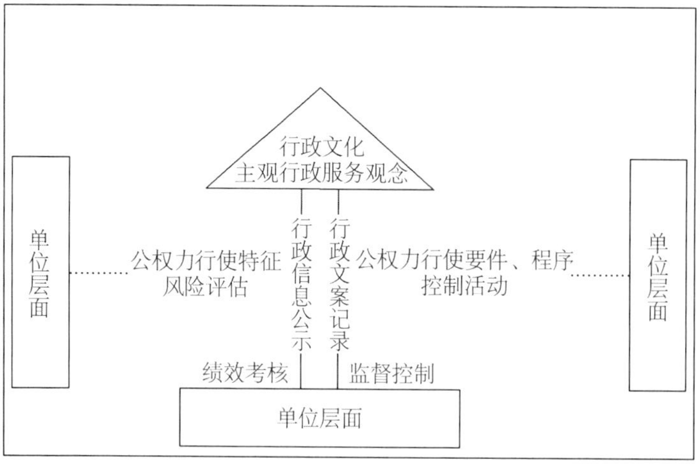

图 4-4 行政事业单位行政行为内部控制五要素（特殊性）

1）行政事业单位行政行为内部控制要素特殊性——单位整体层面

行政事业单位行政行为活动内部控制的提出，也对行政事业单位的单位整体层面内部控制提出更高的要求，主要在于对内部环境行政文化、行政信息社会公开及文案记录、绩效考核促使自我监督强化等方面的要求提高。

（1）内部环境要素特殊性：积极行政文化与主观行政服务观念的培养。行政事业单位营造积极行政文化环境、培养公共服务意识的至关重要性与企业经营文化环境的营造有本质上的差异。企业毕竟是以盈利为根本目的，企业经营文化的构建是企业长期发展过程中逐渐积累的经营理念、社会形象等，是满足经济利润追求后更高层次的战略目标和精神追求，为的是更好地凝聚企业员工责任感与归属感，从而服务于企业的长远发展，因此企业经营文化并不是所有企业所必需的；而行政事业单位是无偿为人民群众提供公共管理服务、不以盈利为目的的机构和组织，行政事业单位的行政文化体现为行政事业单位的风气和公务人员的价值取向，这些不仅影响着行政行为的执行效率和效果，不良的行政氛围、扭曲的价值观还会诱发各类权力滥用、财务腐败、官僚行政问题的出现，因此行政事业单位行政职能的正常履行、服务型政府的建设进程对行政文化提出了强制性要求。

因此，行政事业单位行政行为内部控制应当加强对其核心业务活动——行政行为的风险控制和效率关注，同时在内部环境要素之中不仅需要对行政行为过程的“防”和“堵”，防治、惩戒违规行为，还需要“引”和“疏”，优化行政行为程序和行政人员意识选择，着重培养积极向上的行政文化和社会责任感，使得公务人员具备“廉洁奉公、恪尽职守、为人民服务”的行政服务意识。

（2）信息与沟通要素特殊性：行政信息公示平台与行政文案记录。我国行政事业单位在信息沟通方面存在较大不足。缺乏正式的信息沟通渠道和信息发布平台，使得信息传递、沟通不畅，行政信息不透明，投诉和质疑应对机制不完善，严重影响着政府形象和公信力，也疏远了政府与人民的血肉联系，不利于政治、经济、社会的秩序稳定。相比经济活动，行政行为的实施过程较少涉及经济利益流动，因此一定程度上行政行为纠纷、争议相对于票据健全的经济纠纷更难得到有效解决。在网络信息如此发达的时代，只有保障行政全过程的如实文案记录，以及透明化、真诚化、具有真实性和权威性的行政信息公开与发布，给予公民充分地“议政”渠道和投诉反馈机制，才能切实拉近政府与人民的关系，否则任由群众依靠未经证实的小道消息、猜测、传言来臆测政府的态度和行为，必然不利于现代服务型政府和社会主义和谐社会的构建。

因此，在行政行为内部控制中信息沟通要素的重要性更加凸显，在行政行为履行过程中要特别注重文案记录流程，及时、准确、完整地收集行政信息，并在信息化技术运用的基础上建立或完善多形式、多途径的行政过程信息平台，保障行政信息的及时、真实、权威的传递与公布，保障公民合理投诉、反馈行政行为效果的权利，这对于赢得公众信任、改善政府与人民的关系、实现行政行为内部控制目标都具有重要意义。

（3）评价与监督要素特殊性：绩效考核与自我控制的强化。通过财政、审计部门等监督机构识别、评估行政事业单位行政行为过程或权限可能存在的缺陷或风险，进而有针对性地设计实施控制活动，的确有利于及时堵塞行政行为漏洞。但是行政行为内部控制评价与监督要素不应仅仅寄希望于财政部门、审计部门、纪检监察部门的监督，更应强化发挥各行政事业单位的主观能动性，建立实现外部控制与自我控制的统一。

因此，将行政事业单位的核心业务活动引入内部控制规范框架之内，通过行政事业单位行政效果反馈机制对承担行政职能的行政事业单位及其人员进行价值评价，客观、全面、公正地考核行政绩效和职责履行情况，有利于激励行政人员充分认识自身的公共服务角色，找到自身价值定位，形成自我控制。

2）行政事业单位行政行为内部控制要素特殊性——行政行为业务活动层面

当然内部环境要素、信息与沟通要素、评价与监督要素的特殊性都有赖于行政行为业务活动内部控制来实现，行政行为业务活动的内部控制主要通过风险评估要素与控制活动要素来实现。

由于行政事业单位林林总总，承担的行政职能也千差万别，因此行政行为业务活动也是因单位而异，这也正是现行《行政事业单位内部控制规范（试行）》不予考虑的主要原因，本书认为行政行为业务活动内部控制关键在于对行政事业单位所掌握的公共权力寻租风险和道德风险的限制，因此在诸多行政行为中按照公权力行使的特征分类，依照共同特征区分四类行政行为内部控制模式，并分别在各模式下建立适应的控制活动。

（1）风险评估要素特殊性：公权力行使特征的识别。为了便于在行政过程中识别风险，注重行政行为背后的理念而非仅仅表面形式，本书按照行政行为公权力的行使特征进行分类，具体如下：首先按照行政过程中行政主体与行政相对方的关系将行政行为分为单方行政行为和双方（多方）行政行为；进而按照行政行为的适用范围将单方行政行为分为单方抽象行政行为和单方具体行政行为；进一步按照行政行为执行程序中是否需要行政相对人提出申请，将单方具体行政行为分为依职权的具体行政行为和依申请的具体行政行为。

最终确定抽象行政行为、依职权具体行政行为、依申请具体行政行为、双方行政行为这四类行政行为内部控制模式，并在确定四类行政行为内部控制模式后，分别提出各类行政行为内部控制目标和可能存在的主要风险点（第5章详述）。

（2）控制活动要素特殊性：公权力行使要件、程序的控制。在确定各类行政行为模式下的内部控制目标、可能存在的主要风险点后，进而结合其公权力行使条件和程序要求，提出相应的控制措施和活动。

5 行政事业单位行政行为内部控制框架体系构建

在明确行政行为内部控制框架理论基础和相关概念的基础上，本章主要将前述行政事业单位行政行为内部控制理念落实到行政事业单位各类行政行为上，基于内部控制目标和内部控制原则，对内部控制主体（行政单位及行政性事业单位）的控制客体范围（行政行为）内部控制进行分类，确定行政行为内部控制模式；进一步参考有关行政事业单位行政行为业务流程的法律、法规以及准则、规范，分析各模式下行政行为可能面临的主要风险，制定相应的控制制度体系、实施体系和评价体系。

5.1 行政事业单位行政行为内部控制模式

为有效实现行政行为内部控制目标，保障行政事业单位行政行为能够遵守法律、法规的最低要求，防范舞弊、预防腐败，提高行政效率和公共服务水平，增强政府公信力，本书将对所有行政单位和具有行政管理职能的行政性事业单位所实施的行政行为（前文所述约 27 种）按照行政行为内部控制思想和原则进行分类，确定主要的行政行为内部控制模式。

行政行为是指具有行政权的组织行使行政权、执行公务，能直接或者间接产生法律效果的行为。在现实行政活动中，行政行为纷繁复杂，要科学地认识和了解行政行为内容特征、运作程序和规律，并设计有效且有针对性的内部控制措施，必须遵循行政行为内部控制原则，选择适用内部控制理念的标准对行政行为进行分类、剖析，使行政行为内部控制定型化、模式化。选择适宜的行政行为分类标准是构筑行政行为内部控制模式的前提。

在我国权威性行政法学著作中，一般将行政行为分为抽象行政行为和具体行政行为、羁束行政行为和裁量行政行为、依职权行政行为和依申请行政行为、附款行政行为和无附款行政行为。授益行政行为和负担行政行为、要式行政行为和非要式行政行为、作为行政行为和不作为行政行为、独立行政行为和需补充行政行为、内部行政行为和外部行政行为、单方行政行为和双方（多方）行政行为等。

基于本书主题来看，行政行为内部控制的全面性和重要性原则要求内部控制应当贯穿于行政事业单位行政行为的始终，实现全面的、全过程的控制；并在全面控制的基础上突出重点，针对行政行为流程中重要的重大风险领域采取更为严格的内部控制措施，确保内部控制的建立不存在重大缺漏。为使分类标准尽可能囊括所有行政行为现象并且突出内部控制要求，依照公权力的行使特征，本书选择以下三个标准对行政行为进行分类：

首先，按照行政过程中行政主体与行政相对方的关系将行政行为分为单方行政行为和双方（多方）行政行为。理由如下：行政行为作为政府核心业务活动，可看作其代替市场、与市场各主体进行的“交易行为”，由于其行政权力赋予和执行的特殊性，使得行政主体与行政相对方的行政行为显著异于其他市场主体之间平等、公平的交易活动[①]，因此在考虑行政行为内部控制时，对于不同行政行为下行政主体和行政相

① 张娟. 窘境与化解：行政行为概念之重构［J］. 安徽农业大学学报：社会科学版，2007.

对方之间的关系需要予以首要关注。此分类作为第一层次分类将所有行政行为纳入内部控制模式分析之中，体现了行政行为内部控制的全面性原则。

其次，按照行政行为的适用范围将单方行政行为分为单方抽象行政行为和单方具体行政行为。在单方行政行为中，无须行政相对人同意，只需行政主体单方面意思表示就成立，并由此产生强制法律效力、确定力和拘束力。因此，此类行政行为中行政事业单位行政权力的控制在"建设服务型政府"进程中尤为重要，应当对单方行政行为内部控制更为关注，进一步依据行政行为是否针对特定对象对其进行细分。对于单方行政行为的关注，体现了行政行为内部控制的重要性原则。

最后，按照行政行为执行程序中是否需要行政相对人提出申请，将单方具体行政行为划分为依职权具体行政行为和依申请具体行政行为(需注意的是，依申请具体行政行为是单方行政行为，后文详述)。在具体的行政行为程序流程中，是否需要相对人申请的差别显著影响着行政行为内部控制关键环节的控制设计，通过此分类有利于观察实施行政具体行为的启动程序和相对人的参与状况；依申请行政行为制度体现了服务与合作理念，是公众有序参与的常态化机制，两类行政行为对行政事业单位行政文化及行政人员公共服务意识有不同程度的要求，因此进一步对单方具体行政行为进行细分。对于单方具体行为的关注主要坚持内部控制的适应性原则，与行政事业单位行政业务活动特点及风险相适应；而对依职权行政行为和依申请行政行为的区别关注正是对制衡性原则和监督与激励并重原则的考虑，在监督制约行政权力的同时，需依据行政行为的不同流程特点有针对性地增强激励因素。

综上所述，本书确定以下四种行政行为内部控制模式：(1) 抽象行政行为内部控制模式；(2) 依职权具体行政行为内部控制模式；(3) 依申请具体行政行为内部控制模式；(4) 双方行政行为内部控制模式（见图 5-1)。

本书致力于探索的行政行为内部控制模式是通过分析、提炼并总结概括诸多错综复杂的行政行为现象的共同控制要素（包括控制目标、主要风险及关键控制措施)，并被将其作为通用模式固定下来，作为共同

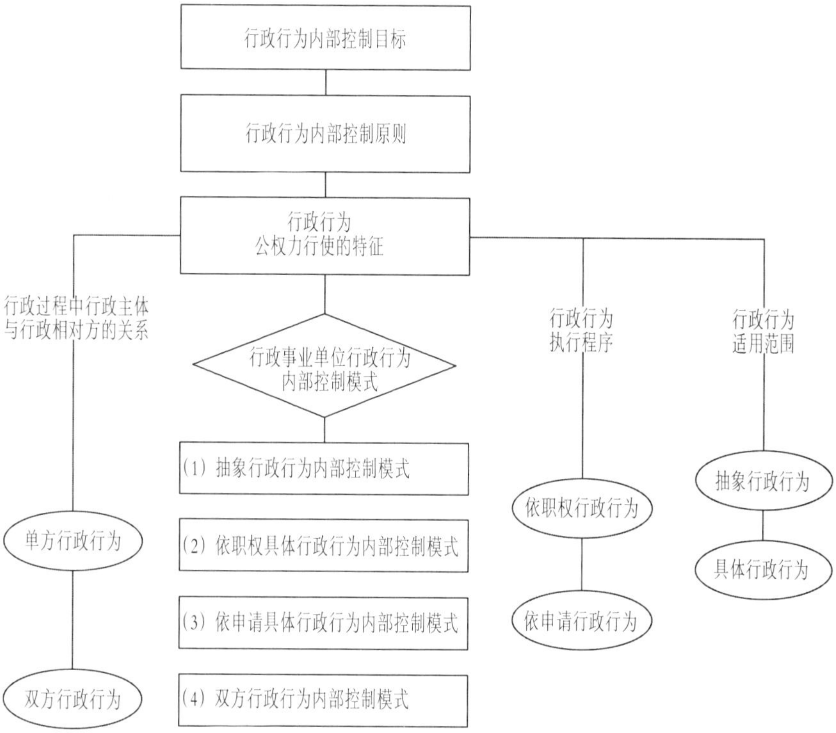

图 5-1　行政事业单位行政行为内部控制模式确定

参考，辅助行政事业单位依此制定适合本单位行政行为活动的内部控制规范。本章 5.2、5.3、5.4 和 5.5 将分别对这四种行政行为内部控制模式从控制目标、主要风险和关键控制活动等方面进行剖析。

5.2　抽象行政行为内部控制模式

本部分，首先对抽象行政行为进行概述，明确抽象行政行为内部控制目标，然后进一步分析抽象行政行为可能存在的主要风险和关键控制措施。

5.2.1　抽象行政行为概述

1）抽象行政行为的概念

抽象行政行为的分析可以通过动态和静态两方面来考察：（1）从动

态方面看，是国家行政机关针对不特定行政管理对象实施、制定的各类具有普遍约束力的行政规则的行为；（2）从静态方面看，是国家行政机关针对不特定管理对象制定的具有普遍约束力的行政规则，由我国各类行政法规、部门规章、地方政府规章和有普遍约束力的行政决定命令共同构建，从属于我国行政规则体系[①]。

本书选择从动态角度定义和理解抽象行政行为，其静态方面是动态抽象行政行为的结果，各类行政规则是行政事业单位履行具体行政行为的规范指引和依据。因此，规范抽象行政行为是实现行政行为规范化、有效化、科学化的基础。

2）抽象行政行为的分类

按照不同分类标准可以将抽象行政行为划分为多种分类。

通常，按照抽象行政行为的制定依据、制定内容和制定目的，可将其划分为执行性抽象行政行为、补充性抽象行政行为、自主性抽象行政行为这三类。具体如下：

（1）执行性抽象行政行为，主要目的是执行法律或将上位规则具体化，并不创设新的权利与义务。

（2）补充性抽象行政行为，主要目的是对原有的法律或上位规则进行补充完善，在严格遵循法律、规则基本原则的前提下创设全新的、补充性的权利与义务。

（3）自主性抽象行政行为，是行政机关依据行政管理实际需要，在其法定管理权限内，对法律、规则尚未明确规定的事项内容做出规定，创设新的权利义务。

按照抽象行政行为的规范程度与效力等级，可以将抽象行政行为分为行政立法行为及其他抽象行政行为两类，具体如下：

一类是行政机关的行政立法行为，包括国务院制定行政法规、各部委制定部门规章、地方政府制定行政规章的行为[②]。

另一类是行政机关其他抽象行政行为，主要是指行政机关针对广泛的不特定对象发布的、具有普遍约束力的、可以反复适用的决定和命令

① 王林. 抽象行政行为的界定及司法审查范围研究［J］. 许昌学院学报，2010.
② 叶世. 关于中国行政立法制度研究［D］. 厦门：厦门大学，2002.

的行为[①]。

5.2.2 抽象行政行为特征分析及内部控制模式确定

抽象行政行为具有以下特征：(1) 针对非特定的多数人制定（对象非特定性）；(2) 具有普遍性约束力的行为规则，这里的普遍约束力，既包括时间上的又包括范围上的效力，我国以适用范围标准为主、以时间标准为补充，也可以理解为效力具有未来性和规范具有反复适用性。

由于经济、社会管理事务越来越纷繁复杂，仅仅依靠耗时、严谨的立法机关制定法律规范无法适时地适应社会公共管理服务需要。因此国家立法机关通过委托立法的方式，赋予行政机关制定法律、法规、行政规章的权力以更及时有效地、更具针对性地实现其行政管理职能。

但需要注意的是，行政事业单位的主要职能仍旧是执行法律，行政事业单位制定行政规则的主要目的仍然是将我国国家立法机关——人民代表大会制定的法律规范具体化地执行、应用于行政管理事务之中，在本质上仍然属于对法律的执行。因此，抽象行政行为的合法性关键取决于它与法律的一致性。宪法具有最高的法律效力，行政机关制定的行政法规、规章都不得同宪法相抵触。法律的效力高于行政法规、规章；行政法规的效力高于地方性法规、规章；地方性法规的效力高于本级和下级地方政府规章。

在明确上述特征后，本书将详细介绍抽象行政行为的权限和主要流程，以此确定抽象行政行为的内部控制模式（如图 5-2 所示）。

1）抽象行政行为的权限

抽象行政行为的权限[②]，主要是行政事业单位针对广泛、不特定对象实施的行政立法行为和具有普遍约束力决定、命令行为时必须具备、满足的条件和规定事项[③]。具体如下：

(1) 国务院行政法规。国务院行政法规制定条件：国务院制定行政法规必须以宪法和法律为根据。

---

① 杨海坤. 非行政立法的抽象行政行为 [J]. 法学杂志，1991.
② 张世诚. 立法法的基本原则及立法权限的划分 [J]. 中国行政管理，2000.
③ 李冷. 浅谈我国依法行政完善过程中的行政立法 [J]. 华商，2007.

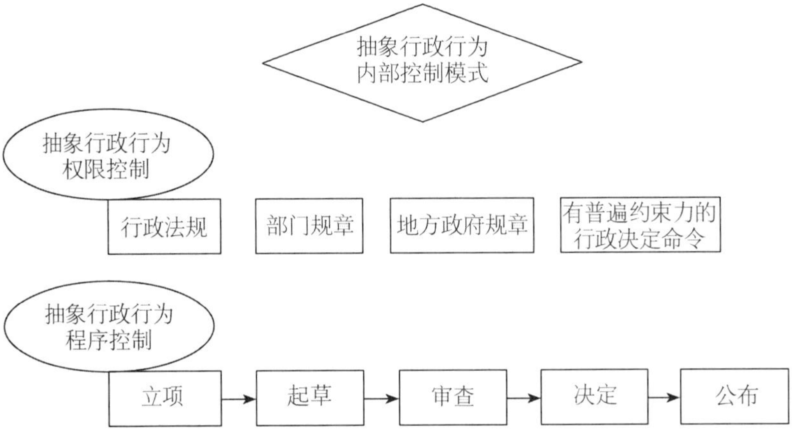

图 5-2 抽象行政行为内部控制模式

国务院行政法规满足规定的事项主要有三个：①具体化执行法律事项，即为满足法律执行需要通过行政法规具体化实施；②立足法规职权范围事项，即尊重全国人大及其常委会的专属立法权，只能履行行政管理权限范围以内的事项；③全国人大授权事项，全国人民代表大会及其常务委员会授权国务院制定行政法规，必须严格遵照授权目的及授权范围行使权力，并且应当报送授权机关备案，在实践检验法规科学性和规范性后待法律条件成熟时，国务院应提请全国人民代表大会及其常务委员会制定法律。

（2）部门规章。部门规章的制定条件：各部委制定行政规章应当以法律或国务院的行政法规、决定为根据。

部门规章满足规定的事项：只能是对法律或国务院行政法规进行具体化执行或部分补充。对于法律、国务院行政法规没有明确规定的事项，各部委不得以行政管理实际需要为由、自发性地制定和发布行政规章。

对于超越部门规章制定权限，并同时涉及两个以上部委法定职权的事项，应当视具体情形而定：①国务院并未明确划分各部门制定权责范围的、法律明确规定应由国务院规定的或者国务院认定应当由国务院制定的事项应当提请、交由国务院制定相应规则；②国务院明确划分各部门制定权责范围的或者法律规定可由各部门制定规则的事项应当交由涉及的多部门联合制定。

（3）地方政府规章。地方政府规章制定条件：以法律、行政法规和所在省、自治区、直辖市地方性法规为依据。

地方政府规章满足规定的事项有两个：①具体化执行法律、行政法规、地方性法规的事项，即执行性的地方政府规章；②本行政区域行政管理实际需要的事项，即自主性的地方政府规章，但是同样需要以相关的法律、行政法规和地方性法规为制定依据，且限定于该行政事业单位行政管理职权管理范围。

（4）有普遍约束力的决定、命令。制定发布决定、命令是行政事业单位普遍具有、表达其管理意志、行使其法定职权的形式。国务院发布决定、命令，必须以宪法和法律为依据；各部委发布命令、指示，必须以法律和国务院行政法规为依据；县级以上地方各级人民政府发布决定、命令，必须以法律、行政法规、地方性法规和人民代表大会及其常委决议为依据；乡、民族乡、镇政府发布决定和命令，必须以上级行政法规和本级人民代表大会决议为依据。

2）抽象行政行为的主要流程

抽象行政行为程序主要包括立项、起草、审查、决定与公布、解释等流程。

（1）立项，即做出制定行政规则的决定，是抽象行政行为的首要环节。行政事业单位的行政管理活动林林总总，对于哪些行政管理活动需要制定行政规则、应当在何时制定行政规则，都需要对其必要性、规范性、可行性等做出评价。行政规则必须适应社会改革发展需要、相关实践经验已经成熟、致力于解决的问题在行政职权范围内，并符合抽象行政行为权限和程序要求，才能立项。

（2）起草，即拟定行政规则草案和初稿，是进一步审查和决定程序的前提和基础。行政规则起草中涉及其他单位、部门行政职责的，应当与有关单位及部门进行协商；如果无法通过协商达成一致，在行政规则草案呈报送审时做出相应陈述。在起草行政规则时应当通过发送征求意见、社会公布、实地调研、组织会议等形式广泛地听取相关机关单位和人民群众的意见和建议，具体包括：向国务院有关部门、政府机关、相关组织、专家发送征求意见；具有重要意义的行政法规应在报经国务院之后向社会公布并征集意见建议；对行政法规起草过程中遇到的问题，应深入基层进行实践调查研究，听取基层机关单位和群众感受和意见；对于重大、疑难问题，应积极组织座谈会、论证会和听证会等多种会议形式，听取利益相关者及专家人士的想法和建议。

（3）审查，即对行政规则草案或初稿内容进行审查、修改并做出说明，主要审查以下内容：宪法、法律规定和国家战略方针政策的符合与否；起草规范及要求的遵循与否；相关或上位行政规则的协调与否；是否有效获取、处理相关组织单位和群众提出的意见建议等。对于认定行政规则制定尚未成熟的、对送审稿规则内容存在较大争议的、起草部门未与利益有关部门充分协商达到一致的、报送审稿存在程序性瑕疵的草案，应当予以缓办或者退回有关部门。在综合审查并听取各方意见、协商一致之后，对行政规则送审稿规则内容进行修改，形成相应草案修改稿并出具审查说明。

（4）决定与公布。行政规则草案审查后报请国务院常务会议、国务院审议审批，通过后可以予以公布施行。行政规则签署公布后，应当及时刊登并向社会公众公布（涉及国家安全、外汇汇率、货币政策的除外）。

（5）解释。国务院各部门和地方人民政府有权向国务院提出行政规则解释要求，对行政规则条文本身需要进一步明确界限或者做出补充规定的解释，行政规则的解释与行政规则具有同等效力；国务院各部门及地方人民政府法制机构可提请国务院法制机构对行政工作中具体应用行政规则的问题予以解释。

5.2.3 抽象行政行为内部控制目标

抽象行政行为是各个国家政府部门行政管理的主要手段。历史上，抽象行政行为长期不属于司法审查的受案范围，因此抽象行政行为一直缺乏有效的监督控制机制。抽象行政行为的行为后果通常是作为具体行政行为的依据和指导，其控制缺失造成的影响及后果比具体行政行为失范更加严重。因此，建立、健全抽象行政行为内部控制规范，促进行政事业单位行政行为的合规、公正及高效，是建设社会主义法治国家的必然要求[①]。

对抽象行政行为可能存在的各类风险进行分析并针对性地加以控制，主要是为了保证科学处理当前和长远目标的关系，增强立法民主性、规范性和灵活性，体现社会主义民主与法制的统一、权利与义务的对等，具体如下：

1）抽象行政行为必须要以宪法、法律为依据

通常应在总则中载明该行政法规和行政规章所依据的法律、行政法规、地方性法规，并声明符合下位法服从上位法原则。在法律、地方性法规、行政法规、自治条例和单行条例、规章等整个行政规则体系中，如果特别规定与一般规定出现不一致，应适用于特别规定；如果新旧规定出现不一致，应适用于新规定；如果无法确定某项规则的具体适用，应当提请全国人大常委会、国务院或相关制定机关进行裁决。

2）抽象行政行为的核心内容是规定社会成员的权利与义务

行政事业单位作为行政管理主体，在权利与义务配置时应当坚持权利（权力）与义务（责任）对等的规则，享有特殊行政权力的同时必须承担相应的职责义务，不得失职、也不得越权。对管理相对方而言，在履行服从行政管理需要义务的同时也享有要求行政机关给予应有救济的权利。

5.2.4 抽象行政行为可能存在的主要风险

抽象行政行为可能存在的主要风险，在抽象行政行为权限和抽象行政行为程序之中。

1）抽象行政行为权限风险

凡是对于上述行政规则制定条件和规定事项的不满足，都是抽象行政行为权限方面可能存在的风险。

2）抽象行政行为程序风险

抽象行政行为程序可能存在的主要风险点包括：立项风险、起草风

① 李小芳. 论依法行政［D］. 郑州：郑州大学，2004.

险、审核风险、决策风险等，具体分析如下：

（1）立项风险。立项风险，是指制定行政规则缺乏法律、法规、政策依据，目标取向不清晰、不正确，缺乏解决问题的导向，脱离现实需要，不符合程序等。具体包括行政规则目标不符合社会主义市场经济改革取向和现代国家治理理念、党的路线方针政策及相关法律、法规；行政规则目标取向不清晰、不正确，缺乏解决问题的导向；行政规则立项明显不符合世界贸易组织规则和其他已批准的国际条约、协定和对外承诺；对行政规则立项拟解决的主要问题发生误判；行政规则立项未征求相关司局意见；行政规则立项未报条法司纳入统一的立项工作计划等。

（2）起草风险。起草风险是指在行政规则起草过程中，因对行政规则制定的目标理解不透彻，而且调查研究不充分，统筹不够，导致行政规则内容缺失、不科学、不符合实际等。具体包括对行政规则制定目标理解出现重大偏差；调研对象选择错误，或缺乏代表性、典型性；调研未深入实际，了解情况不够全面，调研内容存在严重疏漏；行政规则起草没有全面听取和反映不同利益主体的意见；行政规则起草时对不同意见缺乏充分协商和讨论；行政规则内容过于强调局部利益和眼前利益，忽视全局利益和长远利益等。

（3）审核风险。审核风险是指在行政规则起草完成后，按制定流程对其合法性合规性等进行审核时，出现疏漏偏差等。具体包括未发现起草的行政规则不符合宪法的规定；未发现起草的行政规则不符合有关法律、行政法规的规定；未发现起草的行政规则不符合党的路线方针政策；未发现起草的行政规则不符合国务院有关决策命令的规定；未发现起草的行政规则与其他现行行政规则规定不协调；相关方面意见缺乏，或意见未被采纳但缺乏充分合理的理由；未发现起草的行政规则不符合财政部的法定职责等。

（4）决策风险。决策风险是指因情况掌握不全面、决策程序不符合规定，导致行政规则决策出现偏差或严重失误等。具体包括对行政规则制定的依据审核不严；对行政规则内容把握不准确；未发现决策前程序不完整；在决策层次，未与相关方面进行充分协调；违反民主决策程序，重要决策未按规定进行集体讨论等。

5.2.5 抽象行政行为的关键控制环节

针对以上抽象行政行为可能存在的风险，建立相应的关键控制措施：

1）权限风险控制

各级行政事业单位在抽象行政行为过程中应按照相应的制定条件和规定事项，加强对行政法规、规章、规范性文件和其他行政规则的权限的控制管理。

国务院制定行政法规必须以宪法和法律为根据，同时必须符合具体化执行法律事项、立足法规职权范围事项或全国人大授权事项之中，并严格按照授权目的和范围行使授予的权力。

各部委制定行政规章应当以法律或国务院的行政法规、决定为根据，并且只能是对法律或国务院行政法规进行具体化执行或部分补充，不得以行政管理实际需要为由，自发性地制定和发布行政规章。

地方政府规章制定必须以法律、行政法规和所在省、自治区、直辖市地方性法规为依据，可以是具体化执行法律、行政法规、地方性法规的事项，也可以依据本行政区域行政管理实际需要的事项自主制定地方政府规章，但应保证限定于该行政事业单位行政管理职权管理范围。

国务院发布决定、命令，必须以宪法和法律为依据；各部委发布命令、指示，必须以法律和国务院行政法规为依据；县级以上地方各级人民政府发布决定、命令，必须以法律、行政法规、地方性法规和人民代表大会及其常委决议为依据；乡、民族乡、镇政府发布决定和命令，必须以上级行政法规和本级人民代表大会决议为依据[①]。

2）程序风险控制

抽象行政行为的程序风险控制主要包括：立项风险控制、起草风险控制点、审核风险控制和决策风险控制。

（1）立项风险控制。行政规则制定过程中应按照相应的行政规则立项制度，加强对行政法规、规章、规范性文件和其他政策的立项流程控

① 田浩杉. 抽象行政行为的司法审查［D］. 长春：长春理工大学，2011.

制管理。具体控制措施如下：

①拟定行政规则立项计划。根据党中央、国务院，以及各级行政事业单位有关部署要求和实际工作需要，提出行政法规、规章和规范性文件的立项计划。执行中根据工作需要，可按程序对行政规则立项计划进行补充和调整。

②提出具体行政规则制定草案。根据单位立项计划提出具体行政规则制定方案。方案应包括行政规则制定的目标、依据、必要性、拟解决的主要问题、对未来经济社会发展影响的预测、行政规则内容的基本思路等。

③征求意见。应就行政规则制定方案征求相关意见，根据反馈的意见，对行政规则制定方案进行充分论证和调整完善。

④领导审定。在行政规则制定方案达成一致后，报领导审定。未达成一致意见的，报单位领导召集协商一致。

⑤备案管理。

（2）起草风险控制。行政规则起草首先要认真分析和研究行政规则制定目标，深入理解目标取向、总体要求，提出正确的行政规则制定路径和解决问题的导向。

①调查研究和分析判断。行政规则起草要加强调查研究，广泛搜集国内外和全局及区域有关信息，加强比较分析，对共性问题与个性问题形成一般性判断。跟踪研究国际国内宏观经济形势、重大行政规则变化等情况，深入实际，多层次、多方位、多渠道全面掌握第一手资料信息和动态反映。

②相关方协调与公众参与。行政规则草案应当采取适当形式征求各相关单位、利益相关方和有关专家的意见，增强行政规则制定透明度和公众参与度。征求意见可以根据需要，采取召开座谈会、论证会、听证会，或者采取书面征求意见、网上征求意见等形式。

行政规则草案内容涉及有关单位或部门职责的，应当书面征求意见。召开座谈会、论证会，一般应在召开会议 7 日前将行政规则项目调研提纲或者征求意见稿发给与会人员。召开行政规则项目听证会，一般应当在举行听证会 30 日前通过新闻媒体或者其他适当的方式公布听证会时间、地点、内容、参加人的范围及确定人选的标准。

召开行政规则项目座谈会、论证会、听证会，应当制作会议记录或者笔录，如实记录发言人姓名、主要观点和理由。座谈会、论证会、听证会结束后，应当及时整理情况反映，抄送内控办、行政规则制定内控牵头部门，重大情况报单位领导。调查研究和征求意见情况应形成书面报告，作为行政规则起草的参考依据。

③社会影响和财力测算。涉及财政收入的行政规则，应充分考虑公平、效率、经济发展状况和社会承担能力；涉及财政支出的行政规则，应综合考虑经济社会发展要求与财政承受能力，防范财政风险。

④社会和经济风险预测及评估。涉及重大公共利益和公众权益、关系社会稳定问题以及容易引发国际争端和质疑的行政规则，要进行社会和经济风险预测及评估，并采取适当形式听取专家和相关方面意见。

（3）审核风险控制。建立健全行政规则审核机制。如以财政部规范性文件形式制定的行政规则，行政规则文稿报送部领导签发前，应当将文稿进行审核。审核无异议的，或者虽有不同意见但经过协商达成一致的，签发审核意见。认为行政规则文稿存在重大问题，并且不能协商一致的，提出审核意见，报分管领导组织协商后审定。审核工作原则上应当在 5 个工作日内完成，特殊情况的按要求时限完成。

不是以规范文件形式制定的行政规则，行政规则文稿报送领导签发前，也应根据需要，将文稿进行会签。未经必要的会签程序，不得报送领导签发，办公厅不予核稿。

（4）决策风险控制。建立健全科学民主决策机制，严格决策权限和程序，实行决策责任管理，任何个人不得自行做主履行决策权力。

5.3 依职权具体行政行为内部控制模式

首先对依职权具体行政行为进行概述，明确依职权行政行为内部控制目标，进一步分析依职权具体行政行为可能存在的主要风险和关键控制措施。

5.3.1 依职权具体行政行为概述

1）依职权具体行政行为的概念

依职权具体行政行为是指无需行政相对人提出申请、行政主体可依据其法定职权主动实施的具体行政行为。依职权具体行政行为的关键在于必须保障其行政行为目的的合法性，即控制、降低重大危险与潜在威胁，消除或抑制影响或有损公共利益的因素，确保国家政治、经济、社会的正常秩序。

2）依职权具体行政行为的分类

依职权具体行政行为的种类包括行政征收、行政处罚、行政强制等，具体如下：

（1）行政征收，行政主体凭借其享有的行政公权，出于对国家和社会公共利益需要的满足，依法向行政相对人强制征收一定数额的金钱或者实物。

（2）行政处罚，行政主体行使其法定职权、按照法定程序对违反行政法规但并未构成犯罪的相对人给予行政制裁。

（3）行政强制，行政主体为防止证据损毁、避免危害或威胁发生、控制危险进一步扩大等情形，依法对行政相对人人身自由或者其财物实施暂时性限制。

5.3.2 依职权具体行政行为特征分析与内部控制模式确定

1）依职权具体行政行为的特征

（1）法定性。依法行政是依职权具体行政行为的首要法则。在现代行政法治社会，对于依职权的具体行政行为的法定性要求更高。法定性的要求体现在：行政职权的设定必须体现人民的意志，由宪法和组织法予以规定；依职权的具体行政行为必须在法定的职权范围内以法定程序进行。

（2）主观能动性。由于行政主体肩负管理社会、实现公共利益的重任，现代法治社会不仅要求行政行为必须依照法律规范进行，而且要求行政主体积极采取诸多手段来保障行政管理目标的实现。与依申请的具体行政行为相比，依职权的具体行政行为更注重充分发挥行政主体的主观能动性，行政主体自由裁量的空间更大。

（3）强制性。与依申请的具体行政行为相比，依职权的具体行政行为具有更大的强制性，这是依法行政原则的要求，也是由依职权的具体行政行为的法定职责决定的。

（4）时效性。在依职权的具体行政行为中行政主体的法定职责和更大的主观能动性决定了依职权具体行政行为的及时性、快捷性。行政主体应及时捕捉社会的行政需求，迅速地采取有效措施，来促进相对人合法权益的实现。

在明确上述特征后，本书将详细介绍依职权具体行政行为的主要流程，以此确定依职权行政行为的内部控制模式（见图 5-3）。

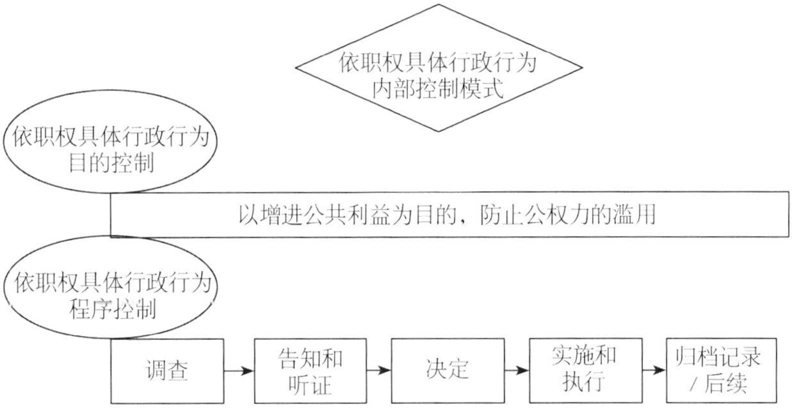

图 5-3 依职权具体行政行为内部控制模式

2）依职权行政行为的流程

主要包括调查、告知和听证、决定、实施和执行、归档记录等程序，具体如下：

（1）调查。依职权行政行为主体初步做出行政行为决定前，应进一步查清事实真相，获得各项必备证据，并在调查终结后提出处理意见，出具调查报告，由负责人对调查结果及处理建议进行审查，进而依据具体情况做出决定。

（2）告知和听证。拟做出依职权行政行为决定的，行政人员应当在实施行政行为措施前将所认定的事实及拟处理的理由和依据告知行政相对人，告知和通知应当以书面形式做出。同时行政相对人拥有陈述、申辩的权利，行政机关应当听取行政相对人的陈述和申辩。

（3）决定。除当场采取行政措施外，行政机关实施依职权行政行为前须经行政机关负责人审批，对于较为重大的案件或事实处理需要经过行政机关负责人集体讨论决定。相关处理决定做出后，应当将处理决定书交付行政相对人。

（4）实施和执行。依职权行政行为应当由行政机关两名以上的行政人员实施，并且应当出示证件及行政行为决定书。行政行为实施过程中，应当制作现场笔录，现场笔录和清单由行政相对人或见证人和执法人员签名或者盖章，当事人或者见证人拒绝签名或盖章的，应当在笔录中予以注明。

（5）归档记录。行政行为履行后，应当由经办人对相关文书和资料进行整理、装订、登记保存。

5.3.3 依职权具体行政行为内部控制目标

依职权具体行政行为的主要控制目标是保证依职权行政行为目标的切实实现，具体如下：

（1）依职权具体行政行为以控制或避免重大危险与潜在威胁、维护公共利益和社会秩序，保护各单位组织、群众的合法权益为目标。依职权具体行政行为必须以增进公共利益为唯一目的，如果依职权行政行为的做出是出于私人因素考虑，且借助公权的手段对他人权利进行侵害，这种公共权力的行使是不公平且不合法的。

（2）依职权行政行为必须严格依法进行。“推行依法治国、建设法治国家”具体到行政事业单位行政行为而言，就是必须“坚持依法行政，建设法治政府”。“法治”的核心是通过具有强制性的法律规定来限制公权力的行使、保护私权不受公权的肆意侵害。依职权行政行为本身极容易成为“公权损害私权的手段”，应受到法律更为严格的制约。依法行政是依职权行政行为具有正当性的必要前提。

5.3.4 依职权具体行政行为的主要风险

1）确定依职权行政行为公共利益目的的风险

依职权行政行为的做出以实现公共利益需要为准绳，而对于公共利益需要的界定却在很大程度上是行政机关主观意愿的体现，具有强烈的政府主导性和强制性。实践中依职权行政行为的主要流程都是行政机关的内部操作，未充分考虑行政相对人的意见，行政相对人根本没有提出意见和异议的机会。此类行政行为背后的行政观念在自由、民主、法治理念深入人心的当下，是严重不合时宜的。

2）依职权具体行政行为的程序风险

在依职权行政行为的实际履行程序中可能存在以下风险：行政机关委托临时执法人员执法，但由于临时执法人员素质良莠不齐、缺乏保障，公共服务意识缺乏，行政行为过程中发生的争执与冲突可能影响政府形象，危及政府与人民的亲密关系和社会和谐建设①；在实际行政行为实践中，行政人员疏于告知和搪塞应付，听证制度的实践效果不佳，远未充分考虑行政相对人的正当利益诉求；不同行政部门之间行政执法职责重复交叉，行政执法效率低下，执法扯皮现象严重。

5.3.5 依职权具体行政行为的关键控制环节

依职权具体行政行为的关键控制环节包括对行政行为公益性目的的控制及行政行为流程和程序的控制。

1）依职权具体行政行为的目的控制

只有更好地保障人民公共利益和维护公共秩序，才能赢得广大人民群众的理解和支持。只有符合利益冲突标准、法律途径标准和价值比较标准这三项标准的利益或需求，才能称之为“公共利益”。即该利益与其他利益存在一定冲突时，该冲突除法律、法规中公共利益条款，其他条款无法妥善解决，并且被认定为公共利益的利益必须具有压倒性正义优势，这时才能确定为公共利益②。

---

① 黄蓓，刘光欢. 城市私房拆迁立法与和谐社会建设［J］. 贵州工业大学学报：社会科学版，2006.

② 刘太刚. 公共利益法治论——基于需求溢出理论的分析［J］. 法学家，2011.

严格规范公共利益认定程序主要从以下几个方面入手：(1) 经济和社会的发展规划的符合程度；(2) 事前调查和专家论证程序的规范化程度；(3) 组织听证会、广泛听取公众的意见与建议的有效性程度；(4) 应当公开公共信息资料，接受审计监督和社会广泛监督等。严格的程序有助于确保政府谨慎行事，这才是真正在增进社会公共利益①。

2) 依职权具体行政行为的程序控制

对于依职权行政行为程序的控制主要体现在：

(1) 健全权力运行制约机制，对于相关事项行政事业单位应派出2人以上共同调查，全面、客观、公正地收集有关证据（与当事人有直接利害关系的行政人员，应当回避）。必要时，依照法律、法规的规定，可以进行检查。调查时必须制作笔录，进而对调查结果进行审查，根据不同情况讨论做出行政行为决定，再经相关领导集体决策确定，并按照行政岗位分解、细化行政程序和内容，明确和规范具体岗位或事项的工作要求。

(2) 加强责任追究，依法对滥用职权等违法行为进行处理，对调查不实、包庇隐瞒、不公平等行为进行查处，维护行政行为的公正原则及适应性原则，要求行政机关对违法当事人公正对待，一视同仁。

(3) 保障行政相对人了解信息和发表意见的权利。一个不合理的行政行为决定往往会给一些家庭带来摧毁性的伤害，因此政府应当公开披露其实施行政行为的必要信息，并给予行政相对人公开发表意见和舆论监督政府行政行为的机会，以确保政府权力的运行适应社会公众的需要②。健全行政相对人反馈与回访机制，了解行政行为后续相关情况，及时与群众进行沟通，了解群众的意见和诉求。

5.4 依申请具体行为内部控制模式

首先对依申请具体行政行为进行概述，明确依申请行政行为内部控制目标，进一步分析依申请具体行政行为可能存在的主要风险和关键控

① 刘太刚. 公共利益的认定标准及立法思路——以公共利益的概念功能为视角 [J]. 国家行政学院学报，2012.

② 张政. 浅谈行政处罚与刑罚的链接 [J]. 黔南民族师范学院学报，2012.

制措施。

5.4.1 依申请具体行政行为概述

1）依申请具体行政行为的概念

依申请具体行政行为，是指必须在行政相对人提出申请后、行政主体才可以实施的、相对被动的具体行政行为。

2）依申请具体行政行为的分类

依申请具体行政行为的表现形式多种多样，最主要的类型如下：

（1）行政许可（行政审批），行政主体在接受行政相对人申请之后，通过依法审查、颁发许可证或执照等形式，对行政相对人授予从事某项活动或实施某项行为的权利或资格；

（2）行政给付，行政主体针对公民失业、年老、疾病或丧失劳动能力等特殊情况，依法赋予行政相对人一定的与物质相关的权益[①]；

（3）行政奖励，行政主体为充分调动和激发行政相对人的积极性和创造性，通过表彰和激励优秀、先进行为的方式，依法对为国家、社会做出突出贡献或模范带头作用的行政相对人给予物质或精神方面的奖励；

（4）行政确认，行政主体依法对行政相对人的法律地位、法律关系或事实进行鉴别，进而给予认定和证明（也可能是否定）；

（5）行政调解，行政主体依法通过说服教育、促进协商的方法促使存在较大争议的双方行政相对人协商、互让，最后解决争议、达成一致意见；

（6）行政裁决，行政主体依法对多个行政相对人之间发生的、与行政管理活动相关的民事纠纷进行审查并做出最终裁决。

5.4.2 依申请具体行政行为特征分析及内部控制模式确定

依申请行政行为属于具体行政行为，并且是行政主体的单方行为，主要原因如下：传统行政行为是主权者统治臣民的单方面意思表示，即

① 熊勇先. 行政给付诉讼研究［D］. 武汉：武汉大学，2010.

为纯粹的行政意志；但是现代行政实践发展中，公众行政参与日益增多、增强，形式逐渐丰富，行政行为越来越演变为有公众参与的公共服务行为。作为申请的个人意志不仅是国家行为的动因，并且相对国家职能的整个运转过程，直到终止都持续性地受到个人意志的左右，在这种情况下，依申请行政行为似乎具有双方性的特点。但是即使如此，法律上权利义务关系的成立并非是基于行政相对人申请和行政机关行政行为的一致，而是基于行政主体对相对人申请这一参与行为或意思表示的接受或者拒绝。申请只是其前提条件，主要对程序的启动和结束起作用，只有在行政主体接受相对人的意思表示后，才能视为行政主体的意思表示。因此，从法律意义上看，依申请行政行为仍属于单方行政行为。

依申请具体行政行为具有下列特征：（1）必须以行政相对人提出申请为前提，行政主体一般不能主动采取有关行为；（2）属于授益性行政行为，行政主体根据行政相对人的申请赋予其一定的资格和利益；（3）由于依申请的具体行政行为的授益性和资源的有限性，行政主体在做出是否予以批准、许可、同意、认可等申请决定时，必须严格遵循法定流程进行；（4）属于要式行政行为，行政相对人的申请和行政主体的答复都必须依照法定方式进行。

在明确上述特征后，本书将详细介绍申请行政行为中受欺诈行政行为的法律责任认定和依申请具体行政行为的主要流程，以此确定依申请行政行为的内部控制模式（如图 5-4 所示）。

1）受欺诈行政行为的法律与责任认定

依申请行政行为法律责任的认定在实践中最有争议的，主要是受欺诈行政行为。明确受欺诈行政行为的法律责任，有利于增强行政事业单位对依申请行政行为审核流程的重视，有利于巩固简化行政审批手续、提高行政效率改革取得的成果，有利于我国服务型政府转变职能的顺利发展。

受欺诈行政行为具有违法与过错的不对等性特征。相对人以欺诈手段所提出的申请，是一种重大违法的相对人行为，行政主体以该申请为前提、受相对人的欺诈所做的具体行政行为，必然也是违法行政行为。

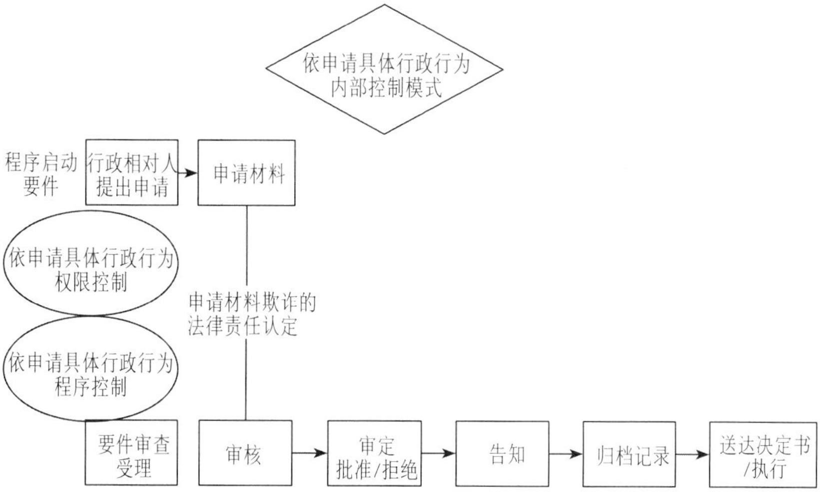

图 5-4 依申请具体行政行为内部控制模式

对于受欺诈行政行为，如何评判行政相对人与行政主体的过错？不能以行政相对人的不诚实、欺诈来确定：因为相对人的诚实或欺诈与否不能阻止行政主体的审查义务。也不能以行政主体事实上的识别能力来确定：因为行政主体的识别能力即审查、证明能力，不仅仅要看行政主体事实上查清真相的可能性，还要考虑法律上对行政主体审查的限制性。因此，过错方的判定应当依照法律上行政相对人和行政主体的义务配置标准，没有履行法定义务即存在过错，行政主体若在法律约束框架内没能识别并查明欺诈行为，则不应当被视为过错[①]。

2）依申请具体行政行为的主要流程

依申请具体行政行为的主要流程包括：申请要件审查和受理、审核、审定（批准或者拒绝申请）、告知、归档记录、送达决定或执行等程序，具体如下：

（1）要件审查和受理。行政事业单位相关行政人员应当场查验申请材料，审核标准要求齐全、规范，满足审查标准的，当场受理并在相关办文单上签署、记录受理意见；不满足审查标准的，将申请材料退回申请人并告知其需要补齐、补正的材料要求并做好行政工作记录。

（2）审核。受理申请材料后，应提交责任处室工作人员及负责人分

① 叶必丰. 受欺诈行政行为的违法性和法律责任——以行政机关为视角［J］. 中国法学，2006.

别进行初步审核和复审，必要时还应当组织相关行政部门进行会签。审核标准要求审核申请材料规范、齐全、真实、有效以及申请条件符合情况，满足审核标准的，在相关办文单上签署建议批准的审核意见，不满足标准的，应当给出不予批准的意见及理由。

（3）审定。申请材料审核通过后，交由主管领导进行审定（必要时还可以提请组织会议讨论）。审定标准与审核、复审、会签标准相同。符合标准的，主管领导应在相关办文单上签署审定同意意见；不符合标准的，给出不同意的意见及理由。

（4）告知和归档。审定通过的应当制发审定文书，通知申请人来领取，同时在相关办文单上做好工作记录。审核（复审、会签、审定）不通过的，制发不予批准的通知书，明确写出不予批准的理由及依据，退回申请材料，并在相关办文单上做出材料退回的工作记录，文书材料按规定及时进行归档。申请审核通过的审批许可类事项结果应自制发审定文书起 10 日内，在相关信息网络上公布。

5.4.3 依申请具体行政行为内部控制目标

依申请具体行政行为的主要控制目标是保证依申请行政行为能够切实体现依申请行政行为体现的服务与合作行政理念，具体如下：

（1）预防并有效化解各类纠纷，维护公共安全和社会秩序，保障社会公共利益；

（2）保障维护公民、法人和其他组织的权益，增进全民福利，为构建和谐社会创造公平稳定的社会环境；

（3）使国家对宏观经济学的调控从直接命令式的行政手段过渡到间接优化资源配置的法律手段，增强政府服务意识，有利于政府职能转变和服务型政府的建设。

5.4.4 依申请具体行政行为的主要风险

依申请具体行政行为的风险主要存在于对行政相对人申请材料的审核过程之中，具体包括审核权限僭越导致的腐败风险和审核环节、流程制度本身的低效率风险：

1）审核权限僭越导致的腐败风险

依申请行政行为因审核权限不明确可能存在的重大等级廉政风险包括：未按法定权限、条件受理申请；根据特殊需要或出于利益驱动随意设置审核事项，任意扩大审核范围；未依法做出决定，包括违法违纪审批、该批不批、不该批的乱批；擅自改变已生效的申请审核；擅自收取审核批准费用等。

2）审核环节、流程制度本身导致的低效率风险

审核环节和流程制度中可能存在的主要风险点包括：

审查程序不合法，行政人员根据个人的印象、习惯、需要来决定审核结果，自由裁量权大，缺乏公正性和规范性；在审查环节未依法核实受理材料；未依法做出受理或不受理决定；对依法应当听证的事项未按照法律规定的要求举行听证；在受理、审查、决定过程中未向申请人、利害关系人履行法定告知义务，未依法公布行政行为实施的依据，审核过程透明度低；环节多、手续繁杂、时限长等行政低效率风险。

5.4.5 依申请具体行政行为的关键控制环节

针对上述依申请具体行政行为可能存在的风险，应建立相应的关键控制措施：

1）申请审核权限风险控制

应当针对申请审核权限可能存在的风险点完善相应风险控制：

(1) 加强制度建设。完善依申请行政行为的配套规范与具体管理制度，按照合法、必要的原则设定审核权限，并明确审核的实施条件、程序、期限、需要提交的全部材料等要求，减少行政办理人员的自由裁量权。

(2) 健全权力运行制衡机制。经办单位应实行多人共同审查，做出审核决定建议后经相关领导集体决策确定。

(3) 加大信息公开力度。依法公开申请审核事项目录及实施的法律依据、实施条件、数量、程序、期限及需要提交的全部材料目录和申请书示范文本等内容，依法公开依申请行政行为的受理情况及结果。

(4) 强化审核的监督检查和评价反馈机制，对依申请行政行为应当

进行严格的评价与监督，促使行政事业单位及工作人员明确其应承担的行政审核责任。

2）审核程序风险控制

依申请行政行为审核流程关键控制点包括：

（1）建立审核流程评价反馈机制和效率考核机制，不断改善、建立简便、快捷的审批流程，提高审批效率。

（2）推行政务公开及政务信息化，提高审核流程的透明度，建设网络申请审核平台，实现依申请行政行为全过程的有案可查、实时监督，利用技术手段防控审核流程风险。

（3）加强对行政人员服务意识的培养，注重行政人员队伍建设，提高公务员的整体素质，是提高行政事业单位依申请行政服务水平的关键。

5.5 双方行政行为内部控制模式

首先对双方行政行为进行概述，以明确双方行政行为内部控制目标，进一步分析双方行政行为可能存在的主要风险和关键控制措施。

5.5.1 双方行政行为概述

1）双方行政行为的概念

双方行政行为，即行政合同、行政契约、行政协议行为，是现代行政法中较为新型且重要的一种行政管理手段，指行政主体为了实现维护公共利益、公共管理服务目标，与行政相对人通过协商而签订协议、契约的行为。

现行《行政事业单位内部控制规范》业务层面内部控制中提到合同控制，但是对于诸多合同行为只关注了行政事业单位作为平等民事主体参与的经济合同，并未考虑行政合同的特殊性。在行政合同之中，行政事业单位并非以平等民事主体身份参与，而是以行政主体的身份与行政相对人订立关于民事权利义务的协议，在其间行政主体享有行政优益权，可以说仅仅是以合同的方式，最终还是为了达到维护与增进公共利益的目的。

双方行政行为在订立、履行、变更和解除过程中应当遵循如下要求：

（1）双方行政行为要求行政主体应事先公开表达其订立合同、契约的意向，并公布相关契约内容，使行政相对方能全面了解行政主体签订合同的要约，从而保护双方信息自由权。

（2）双方行政行为全过程要求行政主体要平等地对待行政相对人，让参与方有平等机会展示其实力和优势。公平、公正、公开的竞争环境和机制，能有效降低行政成本、提高公共管理服务效益，同时也有利于防治腐败。

（3）行政合同、契约在依法签订并正式生效后，行政主体和行政相对人都必须严格依照行政合同、契约约定的内容履行相应权利和义务。

2）双方行政行为的分类

随着我国政府职能转变和服务型政府的建设，双方行政行为应用日益增多，种类也愈发广泛[①]。目前，我国主要的双方行政行为有以下几类：

（1）国有土地使用权出让合同，土地行政管理部门代表国家与行政相对人签订的、行政相对人通过支付一定土地出让金而获得国有土地使用权的合同[②]。

（2）全民所有制工业企业承包合同，指定行政部门主体为发包方、承包经营企业为承包方，双方协商、签署的旨在提高企业经济效益、促进国民经济快速发展的国有企业承包经营合同。

（3）公用征收补偿合同，行政主体为实现社会公共利益，征收行政相对人的财产并给予相应补偿的行政合同，目前广泛运用于城市建设、交通铁路、水利设施等基础建设领域。其中：行政征收部分是由行政主体单方意思表示决定的，属于单方行政行为；行政补偿部分由于是与行政相对人就补偿方式和补偿数额协商一致决定的，属于双方行政行为范畴[③]。

① 郑小娟. 我国行政执法柔性化问题的研究［D］. 南京：南京师范大学，2013.
② 胡杰，刘志芳. 矿业权的合同管理［J］. 中国国土资源经济，2007.
③ 熊文钊. 试论行政补偿［J］. 行政法学研究，2005.

（4）国家科研合同，行政机关与科研机构之间就完成某项科研技术项目而协商、签订的契约，政府为科研机构项目提供资金支持和赞助，科研项目成果待开发完成后交付政府。

（5）农村土地承包合同，可以说是我国最早实行的行政合同，主要通过地方性法规、规章进行规范和调整。

（6）国家订购合同，行政机关为满足国家防卫和经济发展需要，与行政相对人协商签订的订购物资、产品的协议，例如，军用物资或农产品订购。

5.5.2 双方行政行为公权力行使特征分析

双方行政行为行使公权力过程之中呈现以下特征：

（1）双方行政行为的主体中必有一方是享有行政公权力的行政主体，并且行政主体组织双方行政行为的目的是实现行政管理目标、行使行政权力和履行行政职能。需要引起注意的是：行政事业单位在合同之中兼具有行政主体和民事主体的双重身份，如果行政机关是以民事主体的身份签订相关契约、协议，即现行《行政事业单位内部控制规范》强调的经济合同，则属于民事合同；只有当行政机关以行政主体身份签订的契约，才属于行政合同。

（2）行政主体参与双方行政行为的目的是实现行政管理目标。行政主体签订行政契约的目标和意义是为了履行国家赋予的行政职能、完成公共管理服务目标，其签订的合同、契约内容必须是国家和社会公共事务等社会公益性内容。

（3）在双方行政行为的履行过程中行政主体享有行政优益权。签订民事合同、契约的双方平等追求自身利益，而行政主体签订行政契约、协议的目的在于实现行政管理目标、维护公共利益，因此，享有民事合同主体无法享有的行政优益权，即在行政合同或协议履行过程中出现威胁公共利益或面临重大政策调整时，拥有单方变更和解除合同、契约的权力。

（4）双方行政行为的履行、争议或冲突，适用行政法规范、调整，行政法上的权利和义务是对双方行政行为当事人自由的限制，行政优益权与经济补偿应当保持平衡。

在明确上述特征后，本书将详细介绍双方行政行为行政优益权的行使和双方行政行为的主要流程，以此确定双方行政行为的内部控制模式（如图 5-5 所示）。

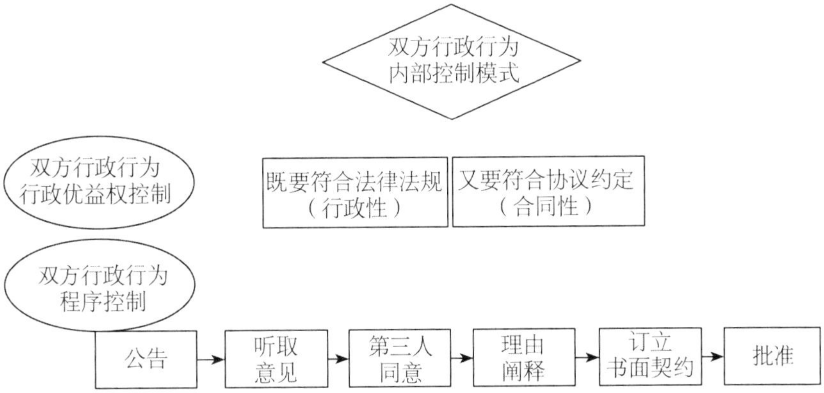

图 5-5　双方行政行为内部控制模式

1）双方行政行为的行政优益权

双方行政行为的“行政性”主要体现在行政合同或契约中行政相对人的权利受到行政机关权利的限制，突出表现为行政机关拥有行政优益权。在双方行政行为的履行中争议最多的，也属行政主体可以单方面变更或解除合同即优益权的行使。

双方行政行为中的行政优益权是指行政机关所享有的较行政相对人优先的权利，包括：依法选择行政合同相对方的权利、对行政合同履行的主导权、单方面变更和解除行政合同内容条款的权利等。行政主体行使行政优益权的随意性是导致争议和不满的主要原因，因此，应当强化行政主体行使行政优益权的条件限制：（1）基于公共利益之目的；（2）须有法律规定和合同约定依据；（3）需要承担损失或者补偿责任。

2）双方行政行为的主要流程

双方行政行为主要包括公告、听取意见、第三人同意、理由阐释、订立书面契约、批准等程序，具体如下：

（1）公告。行政主体应当将拟订立行政契约合同当事人应当具备的资格和标准以及相关合同内容进行公开，目的在于及时通知对契约合同感兴趣的人参与订立，并使可能受到该行政行为影响的第三人能适时进行陈述和申辩以维护自身的合法权益，使程序参加者能够了解有关订立合同的详细材料，使双方行政行为更具目的性。

（2）听取意见。当双方行政行为必须通过公开招标、拍卖等公开竞争的方式决定缔约相对人时，行政机关应当听取其他参与投标、竞争相对人的意见；行政合同即使通过非竞争性的方式订立，只要参与协商的相对方当事人为两人以上的，对于未能取得缔约权的相对人，行政主体都应当听取其意见，其意见成立的，应当及时纠正错误的决定。

（3）第三人同意。若双方行政行为缔结合同的内容涉及第三人、合同的履行可能涉及第三人合法权益，则应当事先征询利益相关者的意见并应取得其同意，为避免不必要的行政资源的浪费，通常第三人的同意作为订立行政合同的要件。

（4）理由阐释。行政机关在面临多个符合资格的行政相对方竞争时，需对其最终选择决定的理由和依据进行公开解释或者书面阐述，这样能够促使行政机关在做出决定时更加审慎，也便于对决定的正确性进行事后的审查和判断。

（5）订立书面契约。双方行政行为必须以书面形式订立契约、合同，如果法律法规对行政合同还有其他特别要求的，还应当遵守法律法规的特别规定。

（6）批准。双方行政行为需要相关行政机关的核准、批准、同意或联合办理时，订立的合同、契约也需经过相关行政机关的核准、批准、同意或联合办理，否则行政合同无效；如果合同当事人已经部分或者全部履行行政合同的，其有权获得相应的赔偿。

5.5.3 双方行政行为内部控制目标

双方行政行为强调双方当事人之间的协商，同时又保留行政机关必要的行政优益权；它是对依职权具体行政行为和依申请具体行政行为的重要补充形式，是一种富有弹性和灵活性的管理形式。双方行政行为通过引进公民参与国家行政的新途径，使得普通公民能够以更积极的权利形式而不仅仅是负担义务参与实施行政职能，尽量减少行政机关单方行政命令安排，以协商的方式履行行政职能，更便于公民理解和接受，从而有效减少双方利益和目标差异带来的冲突和对立。

双方行政行为的本质是受行政权监督的契约关系，行政性是第一性，而合同性则是第二性，因此，双方行政行为的内部控制目标包括两层意思：必须首先保证双方行政行为的行政主体权限和行政行为流程合法，同时双方真实、自愿，意思表示合法、一致，与此同时，维护双方约定的权力与义务，既要保证行政主体更好地履行其行政职能、实现行政目标，同时明确合同双方权利义务关系，避免争议、扯皮、推诿，保障双方更好地发挥积极性和创造性。

5.5.4 双方行政行为的主要风险

双方行政行为的风险主要存在于可能对法律法规和双方协议约定的违背，具体包括双方行政行为中行政优益权的行使风险和行政合约缔结、履行流程的违规和违约风险。

1）双方行政行为中行政优益权的行使风险

行政优益权在保障双方行政行为维护社会公共利益方面有特殊的意义，但该行政特权具有天然的侵略性与扩张性。现行法律法规对行政主体行政优益权的行使缺乏具体而明确的限定和监督，导致现实双方行政行为的履行中，行政主体常常利用自身行政特权任意更改、调整、解释行政合同条款，一定程度上损害了行政相对人的契约权益。

2）行政合约缔结、履行流程的违规和违约风险

双方行政行为缔结、履行契约合同流程中可能存在的违规和违约风险如下：行政相对人的选择、行政协议的订立没有按照法律法规对合同订立的程序要求进行；双方行政行为过程、行政合同协议的订立及履行过程信息不公开、不充分，透明度低；行政主体及工作人员以权谋私和滥用公权力，侵犯行政相对人的契约权益；行政主体对于行政协议中的职责义务拒不执行，行政相对人无法捍卫契约约定的正当权益等。

5.5.5 双方行政行为的关键控制环节

针对以上双方行政行为可能存在的风险，应建立相应的关键控制措施：

1）双方行政行为中行政优益权的行使控制

既要加强行政主体行使优益权行使条件合法性的控制，防止行政主体对权力进行滥用，还要维护行政相对人的合法权益。具体做法如下：

完善行政优益权行使条件及实施状况的信息公告，披露其公共利益目的以及相关法律和合同依据，同时公开其承担行使行政优益权带来的责任，补偿行政相对人的损失，并给予行政相对人申诉的权利。同时，进一步健全听证制度，在行政主体拟做出可能会影响行政相对人契约权益的决定之前，应当通知并听取行政相对人的意见和想法，并接受相对人提供的进行申辩的相关证据。

完善行政优益权行使的登记备案制度，按照规定程序向上级领导机关进行登记备案，防止行政主体对行政优益权的滥用，并有效督促其履行合同义务，为后续的行政问责或行政相对人申诉、补偿提供合法依据。

2）行政合约缔结、履行流程风险控制

对于行政合约缔结、履行流程风险的控制主要体现在以下方面：

（1）行政契约的合法性控制。行政契约、合同的订立程序、条款内容必须严格按照法律、法规的规定执行，否则订立的契约合同不具有法律效力。

在缔结行政契约的过程中，行政主体应通过多种方式和途径向行政相对人通知与契约合同相关的情况和信息；如果可能涉及其他第三人利益，凡不涉及国家机密、商业秘密和个人隐私等保密信息的，应依法向社会公开。

（2）行政契约的合约性控制。行政契约、合同的缔结是实现行政管理目标的特定方式，是双方行政行为权利与义务关系的证明，必须采用书面形式，以为后续契约的履行提供书面证据。

为了防止行政主体及工作人员以权谋私、滥用行政权力，侵犯行政相对人正当的契约权益，行政契约的缔结、审批、履行、监督、裁决应由不同行政主体或不同工作人员负责和行使，以体现公正和制衡原则[①]。

当有两个或两个以上的行政相对人参与行政合同缔结资格的竞争时，行政主体及工作人员不得私下与当事人进行勾结、交易，也不得听信一方行政相对人的虚假陈述而形成偏见。

① 王凌燕，俞蓉. 试论行政合同及其程序规范和控制——兼谈行政程序法典是否对其专章规定［J］. 广西政法管理干部学院学报，2003.

6 针对县级行政事业单位的行政行为内部控制体系设计

前文研究、分析的行政事业单位行政行为内部控制基本概念及框架体系在现实县级行政事业单位的实际应用。作者多次深入到湖南省诸多县级行政事业单位，调查、了解行政事业单位行政行为的实施过程，将前述行政行为内部控制模式，结合县级行政事业单位行政过程的具体情况，对行政行为的风险点和关键控制措施进行分析、归纳，以湖南省龙山县为例，设计、实施与其相适应的、具有可操作性的内部控制制度体系、实施体系以及评价体系。

6.1 选择县级行政事业单位设计行政行为内部控制体系的原因

本书之所以定位于县级行政事业单位进行行政行为内部控制体系设计，主要是出于以下考虑：一方面是因为县级政府行政行为执行效率在我国政治、经济、文化和社会发展建设进程中的重要性；另一方面是因为县级行政事业单位行政行为执行环境中存在诸多内部控制薄弱环节，加强行政行为内部控制的必要性显著，具体分析如下。

6.1.1 县级行政事业单位行政行为内部控制重要性

负责管理县级区域内部行政事务的县级政府，是我国历史悠久、稳定性最强的基层政权组织。县级政府既是贯彻上级政府决策的下属机构，又是有权部署地方政治、经济、文化、社会发展决策的领导机构，一直维持着我国基层一级地方政权的实质性地位，在我国整个政权体系中举足轻重。

截至 2011 年，我国县级行政区划单位（包括市辖区）共计 2 853 个，截至 2014 年，我国县级行政区划单位（含地级市的市辖区、县级市、县、自治县、旗、自治旗、特区、林区）共计 2 853 个[①]，管辖区域内人口总数约 8.85 亿人，高达我国总人口的 60%以上。

与其他级别政府机关相比，县级政府位于我国行政管理工作的第一线，县级政府的行政工作与广大人民群众的日常生活联系最为紧密和直接，因此，县级行政事业单位的行政工作更加具体、更加复杂，同时任何具体行政行为的履行都直接关系着人民的切身利益，一旦处理不好便可能激发人民群众对政府的不满、激化社会矛盾。因此，保障县级政府行政行为的依法履行、提高依法行政水平是建设法治国家的关键。

由于县级行政区域主要以农村为依托、以城镇为主体，因此，县级政府行政行为中“涉农”比重较大，县级行政事业单位的行政工作也主要围绕“三农”问题展开，并涉及诸多土地、资源、环境问题。中央和省级政府制定的关于“三农”问题和可持续发展的一系列特殊行政法规都需要经由各县级行政事业单位的行政行为才能得以有效贯彻和落实。因此，作为关键政策改革的最终落实者和执行者，县级行政事业单位行政行为的合规、公正与高效对我国“三农”建设、农业基础地位的巩固和经济社会的协调发展具有基础性和关键性的作用。

---

① 中华人民共和国民政部. 中华人民共和国行政区划简册 2014［M］. 北京：中国地图出版社，2014.

6.1.2 县级行政事业单位行政行为内部控制必要性

考虑到县级行政区域主要以城镇、农村为依托，由于封建文化思想残留等因素的存在，县级行政事业单位行政行为执行环境中“人治”思维更重，缺乏“法治氛围”[①]。

在执行主体角度，受中国长期封建社会的影响，封建官僚思想残存、“官本位”意识严重，忽视行政相对人权益，在行政行为中将本应提供公共服务的公权力异化为自己谋利的工具。

从行政相对人角度看，在广大农村、城镇中，封建社会残余存在于诸多农民群众头脑之中，“找熟人、托关系”及“官员、人治”思想根深蒂固，因此，行政相对人行政法律思想比较薄弱，即使行政行为不合理甚至违法，行政相对人通过法律途径维护自身利益的意识和能力都不足，取而代之的是通过聚众、闹事等形式表达其不满或诉求，这样可能扰乱正常的社会秩序，还可能进一步激化群众与政府之间的矛盾，从而阻碍社会主义和谐社会的建设进程。

因此，加强行政行为内部控制建设，从行政事业单位内部保障行政行为的合规、公正和高效，在县级行政事业单位显得尤为必要。

6.2 湖南省龙山县行政事业单位行政行为概述

作者亲自走访、调研湖南省多个县级行政事业单位的内部控制情况，并以龙山县为例对行政事业单位行政行为内部控制体系进行研究设计，首先简要介绍湖南省湘西土家族苗族自治州龙山县的基本情况。

6.2.1 湖南省龙山县基本情况

龙山县隶属于湖南省湘西土家族苗族自治州，位于湘西北边陲，地处武陵山脉腹地，连荆楚而挽巴蜀，历史上称之为“湘鄂川之孔道”。建县于清雍正七年（1729 年），因是“辰旗”之地，辰属龙，吉祥的象

① 冯景．我国县级政府依法行政研究［D］．大连：大连海事大学，2013.

征，加之境内峰峦起伏，故名龙山县。龙山县总面积 3 131 平方公里，辖 34 个乡镇（街道）、462 个村（社区），总人口 58 万人，土家族、苗族等 16 个少数民族人口占总人口的 68%。

龙山县山川秀美，乌龙山大峡谷、洛塔石林、太平山森林公园等自然景观神奇瑰丽；物产丰富，煤炭、石英砂、紫砂陶、页岩气等矿产储量极大，水利、森林、中药材资源丰富，极具市场开发潜力；历史悠久，文化底蕴深厚，是土家族发祥地之一，拥有多项国家级非物质文化遗产。

2011 年年底，龙山来凤经济协作示范区已列入《武陵山片区区域发展与扶贫攻坚规划》，上升为国家发展战略。

6.2.2 湖南省龙山县行政事业单位行政行为情况

经过调研、走访了解到龙山县政府近年强力推进满意政府建设，民主法治得到加强。龙山县政府近年在推进行政事业单位行政行为效率方面进行了积极探索，完善各项规范性文件，积极响应中央号召，加强行政部门作风建设和廉政建设，整治“私设小金库”、过度职务消费、公车私用等问题，查处了一批违法违纪案件。《龙山县依法行政工作实施办法》规定“保障和支持法制、监察、审计等部门依法行使监督权，建立联合监督制度，增强监督合力。采取抽查检查、个案纠错、行政问责等有效措施，重点加强对行政决策、规范性文件制定、政府服务、行政执法、政务公开、政府合同等行政行为合法性的监督力度，及时纠正违法或者不当的行政行为”。2013 年龙山县出台并推进建设人民满意政府方案，开展重大决策阳光行动、行政审批提速行动、行政裁量权规范行动等创建满意政府的七项行动，并在 2014 年取得初步成效，具体如下：

1）政策制定方面

2012 年，龙山县制定出台了《龙山县人民政府重大行政决策程序规定》（龙政发〔2012〕6 号）和《龙山县重大行政决策风险评估暂行办法》（龙政发〔2012〕7 号），对涉及全县经济社会发展全局、社会涉及面广、专业性强、与人民群众利益密切相关的行政决策事项的相关程序进行了明确规定。

2014 年，龙山县制定出台了《关于进一步规范县政府重大行政决策和规范性文件制定基本程序的通知》（龙政办函〔2014〕32 号），规范和明确县政府办、县政府法制办、县监察局、县环保局等部门及决策承办单位在决策事项组织实施前应承担的责任。与 2012 年出台的《龙山县重大行政决策程序规则》和《龙山县重大行政决策风险评估暂行办法》等文件，形成了一套相对完备的行政决策制度体系。2014 年龙山县举行的关于“两违”治理、城乡村（居）民建房、殡葬用地管理等事项听证会，严格落实了重大行政决策公众参与、合法性审查、集体讨论等程序，积极采纳公众的意见和建议，并经县人民政府常务会议集体研究审定。

2）行政处罚方面

2011 年以来，龙山县制定并公布了 52 个县直行政执法单位行政执法依据和 47 个县直行政执法单位行政处罚裁量权基准，为有效开展行政执法工作提供了强有力的制度保障。

龙山县每年制定 1 期《龙山县行政执法指导案例》，对涉及面广的计生、环保、城管、安监、农业、工商、国土等部门的执法典型案例进行公布，进一步规范各部门的行政执法行为；每年选定 10 个执法部门开展一次行政执法外部评议活动，由县政府法制办牵头组织县政府聘任的依法行政监督员，对各行政执法单位开展行政执法外部评议考核，对各执法单位提出了很多建议意见；每年进行 1 次案卷评查活动，组织各执法单位相关人员开展了行政执法案卷评查活动，重点评查执法主体资格是否合法，适用法律是否准确，程序是否符合法定要求，行政执法案卷文书是否规范。龙山县每年开展依法行政工作检查 2 次，年初制定考核细则，将各单位的行政执法工作作为依法行政工作检查的一项重要内容，发现问题，整改落实。

3）行政强制方面

2012 年《行政强制法》实施以来，龙山县制定了《关于做好贯彻实施〈中华人民共和国行政强制法〉工作的通知》（龙政办发〔2011〕92 号），开展了行政强制措施、行政强制执行实施主体的清理工作，只有行使相对集中行政处罚权的行政机关，可以实施法律、法规规定的与行政处罚有关的行政强制措施。

以2014年以来龙山县开展的“两违”整治工作为例。

（1）强化宣传，营造氛围。一是广泛开展政策宣传，制定出台了《龙山县违法用地和违法建设处置办法》《龙山县治理“两违”工作责任追究暂行办法》等一系列文件，并将文件政策制作成公告、读本、横幅，开辟电视专栏进行宣传教育，全年累计粘贴公告1万余份，上门入户发放宣传资料20余万份，悬挂横幅标语200余条，编写《“两违”治理政策解答读本》和《村（居）建房和殡葬用地管理政策解答读本》《“两违”政策汇编》5万余册。通过广泛宣传，赢取群众理解和支持。二是层层传达贯彻。2014年，龙山县多次召开“两违”处置动员大会，反复进行宣传教育，并多次召开专题会议安排部署工作。就“两违”处置召开的会议，是龙山县有史以来规模最大、规格最高、次数最多的会议，“两违”处置工作也是龙山县有史以来抽调人数最多、县委政府最重视、参与单位最多的一项工作。三是进村入户教育宣传。坚持化解矛盾在先、引导自行处置，全县各乡镇（街道）和县“两违”整治办组织了1 000多个宣传队伍，上门宣传政策法规，有力地引导了群众积极配合“两违”处置。目前，全县上下人人说“两违”、人人抓“两违”、人人痛恨“两违”，“两违”处置工作已家喻户晓、人人皆知，“两违”处置的高压态势已经形成。

（2）依法处置，强力清除存量“两违”。截至2014年年底，全县共组织58次专项治理行动，对142栋违章建筑依法强制拆除；对涉嫌非法转让、买卖土地使用权情节严重的2人进行了依法逮捕；对27名国家公职人员进行了立案调查；对给“两违”户提供混凝土浇筑服务的一家商混企业做出了停业整顿处理；累计处置到位存量“两违”建筑1 936宗。同时，加大小产权房处置力度。针对小产权房的特殊性，在广泛宣传的基础上，组建了专门队伍，出台了处置公告和具体操作办法，进行了初步处置，截至目前，已有70%的小产权房购房户主动申报接受处罚，工作组对前期确定的10户小产权房开发商正在进行调查取证，成功迈出了小产权房处置工作的第一步。2015年，龙山将对严重违规、必须拆除的“两违”建筑，一律予以拆除；对可以不拆除的小产权房，有计划、分片区、有步骤地进行分类处置。

（3）完善机制，推动工作常态化。一是积极推进殡葬改革。以里耶镇为试点，积极进行宣传引导，严格按照规定到公益性墓地进行安葬。目前，完成公益性墓地征地 41 333 平方米，建成墓位约 300 个，已有 68 个墓位被登记使用。2015 年，将立足里耶殡葬改革试点的成功经验，分 3 年在全县范围内全面铺开，进行殡葬改革工作。二是健全管理办法。出台了《龙山县村（居）民建房管理办法》《龙山县殡葬用地管理办法（试行）》《龙山县临时用地管理办法》《龙山县设施农用地管理办法（试行）》，重点解决随意圈占临时用地和随意葬坟等用地行为，有序规范了临时用地和设施农用地等行为。全县非法买卖土地、无手续建房等违法违纪行为得到了有效遏制，城乡用地管理和建设秩序得到了明显好转。2015 年，龙山县将积极推进用地管理制度化、规范化。对于农业设施用地和临时用地严格按程序审批并加强管理。将村民建房审批权限下放到乡镇（街道），严格落实耕地保护责任，执行年度用地计划和“占一补一、先补后占”政策；在县城规划区、里耶古城规划区划定私人住宅禁建区，对禁建区内停止审批村（居）民建房手续，采取集中安置和区域连片整体规划建设。

龙山县还出台了《龙山县行政执法监督办法》《关于做好行政应诉和行政复议工作有关事项的通知》等文件，推进了行政执法工作不断规范化、程序化，依法办理行政复议案件，积极推行现场查看、依法做出处理决定等制度。

4）行政审批方面

2014 年，龙山县由县编办牵头，县法制办、县政务中心配合，对县直 58 个部门的行政审批项目进行了认真清理，清理结果经县人民政府第 17 次常务会议同意，现决定：县级保留的行政许可项目 329 项，保留的非行政许可审批项目 54 项，取消行政审批及其他管理服务事项项目 26 项。

2015 年 4 月 20 日，龙山县召开了全县政府工作部门权力清单和责任清单制度建设工作动员部署和培训会。经过一个多月的努力，政府工作部门权力清单和责任清单的编制工作基本完成。①权力清单。县级行政权力事项 3 814 项，其中行政审批 243 项、行政处罚 2 714 项、行政征收 44 项、行政给付 26 项、行政奖励 40 项、行政强制 185 项、行政确认 96 项、行政裁决 6 项、行政检查 250 项、其他行政权力 210 项。每项权力都明确了实施机构、实施依据、公开范围、事项来源、权属划分等。同时还梳理出各单位审核转报类 185 项，管理服务类 99 项。②责任清单。共清理责任清单 3 638 项，其中部门主要职责 612 项、具体工作事项 2 136 项、与相关部门的职责边界 280 项、事中事后监管制度 347 项、公共服务事项 263 项。

目前，所有行政审批事项已全部集中到县政务服务中心办理，各职能部门均在政务中心设立了长期性的服务窗口，派驻了固定工作人员。同时，对所有行政审批事项开展了网上政务服务和电子监察系统政务服务。一方面，通过网上政务服务，使行政审批操作更加规范化、透明化；另一方面，同步启动电子监察系统，对所有行政审批实施了监督。

5）行政合同方面

《龙山县依法行政工作实施办法》第 30 条规定：“县政府法制办要着力为政府投资、资源开发、产业规划、招商引资、合同签订等重大经济活动，提供法律意见和法律服务；加强对政府合同的监督管理，政府合同的谈判、订立、履行、变更、终止及纠纷的解决，县政府法制办必须全程参与，县监察、财政、审计等职能部门要全程监督。要建立法律顾问工作机制和运行程序，积极引导律师和其他法律专家为政府提供法律服务。”

龙山县在教育、卫生、文化事业、招商引资等方面工作力度不断加大，由此产生的行政合同数量不断增多，已基本形成了由相关合同签约方将合同文本送法制机构或法律顾问进行合法性审查的工作模式。

目前，龙山县已建立行政合同的一般流程：相关部门与投资方等先行谈判，拟定初步合同；提交县政府常务会议研究（重大合同经县委常委会研究决定）；由县人民政府县长或者委托副县长、部门签订合同。在行政合同签订过程中，县政府法制办全程参与。

但是，与此同时，我们也发现龙山县相关制度在实际执行与贯彻中不具有连贯性，通常受中央或省级政府决定、命令、精神的号召选择性重视某些制度，并未将内部控制理念渗透到行政事业单位整个单位层面和所有行政行为层面，这也正是我国县级行政事业单位内部控制执行的一个共同特点。虽然与政策理念传达的层级越多、信息传递效应会逐渐降低有关，但是其中不可否认的重要因素在于：现行《行政事业单位内部控制规范》将业务活动控制定位于经济活动，强调财务会计系统、审计系统的重要性，重在规范、防止财务舞弊，本是出于普适性、可操作性等诸多现实因素的权宜选择，却会给相对较远的层级（特别是县级行政事业单位）传递出一种信息——行政事业单位的经济活动更重要、更关键，因此，县级行政事业单位会将政策执行重心放在财务控制和中央强调的部分行政行为控制上，并未深刻理解行政事业单位内部控制的核心理念。

因此，本书将针对龙山县探索设计行政事业单位行政行为内部控制体系，希望能引起相关部门和研究者对行政事业单位核心业务活动及内部控制核心理念传递的重视。本章 6.3 和 6.4 分别是针对行政事业单位行政行为内部控制业务层面和单位层面的控制设计。

6.3 龙山县行政事业单位行政行为内部控制设计（单位层面）

建立行政行为内部控制对行政事业单位单位整体层面提出了更高的要求，在单位层面开始重视行政行为内部控制是行政行为内部控制的顶层设计，可为行政行为业务层面内部控制的有效实施和运行提供良好的环境和前提，对整个行政事业单位内部控制的推进和效果都有积极作用。其主要包括行政事业单位行政文化倡导机制、行政信息公示平台制度、绩效考核制度等。

6.3.1 行政事业单位行政文化倡导机制

行政事业单位是无偿为人民群众提供公共管理服务、不以营利为目的的机构、组织，行政事业单位的行政文化体现为行政事业单位的风气和公务人员的价值取向，不仅仅影响着行政行为的执行效率和效果，而且不良的行政氛围、扭曲的价值观还会诱发各类权力滥用、财务腐败、官僚行政问题的出现，因此，行政事业单位行政职能的正常履行、服务型政府的建设进程对行政文化提出了强制性要求。

行政事业单位行政行为内部控制应当加强对其核心业务活动——行政行为的风险控制和效率关注，同时在内部环境要素之中不仅在于对行政行为过程的“防”和“堵”，防治、惩戒违规行为，还需要“引”和“疏”，优化行政行为程序和行政人员意识选择，着重培养积极向上的行政文化和社会责任感，使得公务人员具备“廉洁奉公、恪尽职守、为人民服务”的行政服务意识。

6.3.2 行政信息公示平台制度

我国行政事业单位在信息沟通方面存在较大不足：缺乏正式的信息沟通渠道和信息发布平台，使得信息传递、沟通不畅，行政信息不透明，投诉和质疑应对机制不完善，严重影响着政府形象和公信力，也疏远了政府与人民的血肉联系，不利于政治、经济、社会的秩序稳定。相比经济活动，行政行为的实施过程较少涉及经济利益流动，因此，一定程度上行政行为纠纷、争议相对于票据健全的经济纠纷更难得到有效解决。在网络信息如此发达的时代，只有保障行政全过程的如实文案记录，以及透明化、真诚化、具有真实性和权威性的行政信息公开与发布，给予公民充分地“议政”渠道、投诉反馈机制，才能切实拉近政府与人民的距离，获得人民的信任，否则任由群众依靠未经证实的小道消息、猜测、传言来臆测政府的态度和行为，必然不利于现代服务型政府和社会主义和谐社会的构建。

因此，在行政行为内部控制中信息沟通要素的重要性更加凸显，在行政行为履行过程中要特别注重文案记录流程，及时、准确、完整地收集行政信息，并在信息化技术运用的基础上建立或完善多形式、多途径的行政过程信息平台，保障行政信息的及时、真实、权威的传递与公布，保障公民合理投诉、反馈行政行为效果的权利，这对于赢得公众信任、改善政府与人民关系、实现行政行为内部控制目标具有重要意义。

6.3.3 绩效考核制度

通过财政、审计部门等监督机构识别、评估行政事业单位行政行为过程或权限可能存在的缺陷或风险，进而有针对性地设计实施控制活动，的确有利于及时堵塞行政行为漏洞。但是行政行为内部控制评价与监督要素不应仅仅寄希望于财政部门、审计部门、纪检监察部门的监督，更应强化发挥各行政事业单位的主观能动性，建立实现外部控制与自我控制的统一。

因此，将行政事业单位的核心业务活动引入内部控制规范框架之内，通过行政事业单位行政效果反馈机制对承担行政职能的行政事业单位及人员进行价值评价，客观、全面、公正地考核行政绩效和职责履行情况，有利于激励行政人员充分认识自身的公共服务角色、找到自身价值定位、形成自我控制。

6.4 龙山县行政事业单位行政行为内部控制设计（业务层面）

本书在对龙山县调研、走访的基础上，分析其行政事业单位现有行政行为活动中存在的内部控制缺陷，并在前述行政行为内部控制模式框架下对抽象行政行为（以县级行政事业单位政策制定为例）、依职权行政行为（以县级行政事业单位行政处罚、行政强制为例）、依申请行政行为（以县级行政事业单位行政审批、行政确认、行政裁决为例）、双方行政行为（即县级行政事业单位行政合同行为）的内部控制进行细化设计。

6.4.1 政策制定内部控制

政策制定主要是行政事业单位针对不特定行政管理对象制定的具有普遍约束力的行政政策行为。本书将就政策制定的流程与控制设计、控制目标、主要风险和关键控制措施予以设计。

1）政策制定的流程与控制设计

政策制定一般的程序包括事前准备（部门讨论、公众参与、专家论证、风险评估、听证等)、合法性审查、政府常务会议集体研究、公告等。政策制定流程主要包括立项、起草、审查、决定和公布等，具体如图 6-1 所示。

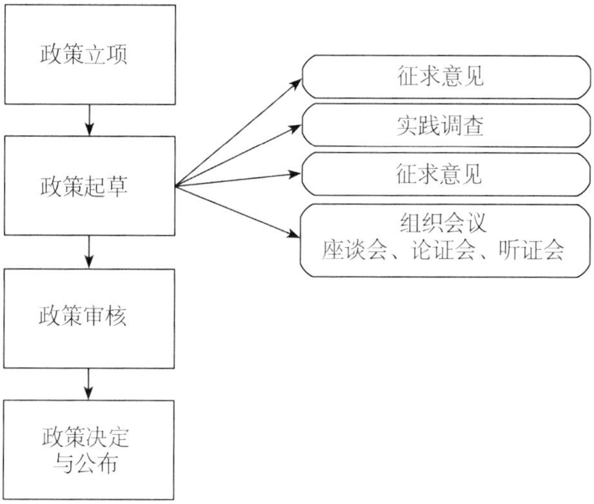

图 6-1 政策制定流程与控制设计

(1) 政策立项，即对于哪些行政管理活动需要制定政策、应当在何时制定政策等问题做出决定。拟制定的政策必须符合条件才能立项：适应社会改革、发展需要；相关实践经验趋于成熟；致力于解决的事项问题在行政职权范围内，并符合抽象行政行为权限和程序要求。

(2) 政策起草，即拟定政策草案，是进一步审查和决定程序的前提和基础。政策起草如果涉及其他单位、部门行政职责，应当与有关单位及部门进行协商；通过协商无法有效达成一致的，应在政策草案呈报送审时做出相应陈述。在起草政策时应当通过发送征求、社会公布、组织会议等形式广泛地听取相关单位和人民群众的意见和建议，具体包括：向国务院有关部门、政府机关、相关组织、专家发送征求意见；重要政策应在报经国务院之后向社会公布，并征集意见建议；对政策起草中遇到的主要问题，应进入基层实践调查研究，听取基层机关单位和群众意见、感受；组织会议包括座谈会、论证会和听证会，其中对于重大、疑难问题，应组织由相关机关、单位、组织、专家出席参与的座谈会和论证会；对于直接涉及公民、法人或组织切身利益的事项、问题，应以听证会的形式来听取利益相关者的想法。

（3）政策审核，即对政策草案内容进行审查、修改并做出说明，主要审核以下内容：是否符合宪法、法律规定和国家战略方针政策；是否符合起草规范及要求；是否与上位行政规则相协调、统一；是否充分获取，并有效处理、接纳相关组织单位和群众提出的意见建议等。对于认定政策制定尚未成熟的、对送审稿规则内容存在较大争议的、起草部门未与利益有关部门充分协商达到一致的、报送审稿存在程序性瑕疵的草案，应当予以缓办或者退回有关部门。在综合审查并听取各方意见、协商一致之后，对政策送审稿规则内容进行修改，形成相应草案修改稿并出具审查说明。

（4）政策决定与公布，政策草案审查后报请上级行政事业单位审批，通过后可以予以公布施行。政策签署公布后，应当及时刊登、向社会公众公布（涉及国家安全、外汇汇率、货币政策的除外）。

2）政策制定的控制目标、主要风险和关键控制措施

（1）政策制定的控制目标。有针对性地加以控制，主要是为了保证制定的政策能够科学处理当前和长远目标的关系，提高政策民主性、规范性和灵活性，体现社会主义民主与法制的统一、权利与义务的对等，具体如下：政策制定必须以宪法、法律或上位行政法规为依据；政策核心内容要保障社会成员的权利与义务对等。

（2）政策制定的主要风险点。政策制定过程可能存在的主要风险点包括政策立项风险、政策起草风险、政策审核风险、政策决策风险、政策公开风险、政策解释风险。具体风险分析如下：

①政策立项风险。政策立项风险，是指行政事业单位确定政策项目缺乏法律法规政策依据，目标取向不清晰、不正确，缺乏解决问题的导向，脱离现实需要，不符合程序等。

政策立项制度流程中存在的重大等级风险包括：政策目标不符合社会主义市场经济改革取向和现代国家治理理念；政策目标不符合党的路线方针政策；政策目标不符合相关法律法规；政策目标取向不清晰、不正确，缺乏解决问题的导向；政策立项明显不符合世贸组织规则和其他已批准的国际条约、协定和对外承诺；对政策立项拟解决的主要问题发

生误判；政策立项未征求相关单位意见；政策立项未报相关部门纳入统一的立项工作计划等。一般等级风险主要包括：经批准的政策制定方案未及时报有关部门备案等。

政策立项可能存在的外部风险包括：政策立项的主要依据发生预期外的重大变化；经济社会形势发生预期外的重大变化；改革发展思路出现预期外的重大调整等，属于一般等级风险。

②政策起草风险。政策起草风险是指在政策起草过程中，因对政策制定的目标理解不透彻，而且调查研究不充分、统筹不够，导致政策内容缺失、不科学、不符合实际等。

政策起草制度流程中存在的重大等级风险包括：对政策制定目标理解出现重大偏差；调研对象选择错误，或缺乏代表性、典型性；调研未深入实际，了解情况不够全面，调研内容存在严重疏漏；政策起草没有全面听取和反映不同利益主体的意见；政策起草对不同意见缺乏充分协商和讨论；政策内容过于强调局部利益和眼前利益，忽视全局利益和长远利益等。一般等级风险主要包括：未向有关方提供表达意见的便利渠道和合理时间等。

政策起草可能存在的重大等级廉政风险包括：接受利益相关方请托，起草的政策向某些特定的组织、群体或个人倾斜，可导致利益相关方不当获益；受利益相关方阻碍或干扰，起草的政策可导致利益相关方不当获益等。

政策起草过程可能面临的保密风险包括：未严格遵守有关保密规定，造成不良影响，属一般等级风险；未严格遵守有关保密规定，造成严重影响，属重大等级风险。

政策起草过程可能存在的外部风险包括：经济社会形势发生预期外的重大变化，属一般等级风险；改革发展思路出现预期外的重大调整，属一般等级风险。

③政策审核风险。政策审核风险是指在政策起草完成后，按政策制定流程对其合法性、合规性等进行审核时，出现疏漏偏差等。

政策审核制度流程中存在的重大等级风险包括：未发现起草的政策不符合宪法的规定；未发现起草的政策不符合有关法律、行政法规的规定；未发现起草的政策不符合党的路线方针政策；未发现起草的政策不符合国务院有关决策命令的规定；未发现起草的政策与其他现行政策规定不协调；相关方向意见缺乏，或意见未被采纳但缺乏充分合理的理由；未发现起草的政策不符合财政部的法定职责等。一般等级风险主要包括：起草的政策未按要求送请审核和会签；未按要求进行审核和会签等。

政策审核过程可能面临的保密风险包括：未严格遵守有关保密规定，造成不良影响，属一般等级风险；未严格遵守有关保密规定，造成严重影响，属重大等级风险。

政策审核过程可能存在的外部风险主要包括：有关法律法规出现预期外的重大调整属一般等级风险；改革发展思路出现预期外的重大调整，属重大等级风险。

④政策决策风险。政策决策风险是指因情况掌握不全面、决策程序不符合规定，导致政策决策出现偏差或严重失误等。

政策决策制度流程中存在的重大等级风险包括：对政策制定的依据审核不严；对政策内容把握不准确；未发现决策前程序不完整；在决策层次，未与相关方面进行充分协调；违反民主决策程序，重要决策未按规定进行集体讨论等。

政策决策可能存在的重大等级廉政风险包括：接受利益相关方请托，制定的政策向某些特定的组织、群体或个人倾斜，导致利益相关方不当获益。

政策决策过程可能面临的保密风险包括：未严格遵守有关保密规定，造成不良影响，属一般等级风险；未严格遵守有关保密规定，造成严重影响，属重大等级风险。

政策决策过程可能存在的外部风险主要包括：经济社会形势发生预期外的重大变化，属一般等级风险；改革发展思路出现重大调整，属重大等级风险。

（3）政策制定的关键控制措施。对行政立法过程可能存在的各类风险进行分析并针对性地加以控制，主要是为了保证行政立法能够有效克服部门立法偏见、科学处理立法当前和长远目标的关系，增强立法民主性、规范性和灵活性，保障行政立法目标得以实现。

针对以上行政立法过程中可能存在的政策立项风险、政策起草风险、政策审核风险及政策决策风险建立相应的控制措施。

①政策立项风险控制。政策制定过程中应按照相应的政策立项制度，加强对行政法规、规章、规范性文件和其他政策的立项流程控制管理。

a. 拟定政策立项计划。根据党中央、国务院，以及行政事业单位党组有关部署要求和实际工作需要，提出行政法规、规章和规范性文件的立项计划。执行中根据工作需要，可按程序对政策立项计划进行补充和调整。

b. 提出具体政策制定方案。根据年度政策立项计划提出具体政策制定方案。方案应包括政策制定的目标、依据、必要性、拟解决的主要问题、对未来经济社会发展影响的预测、政策内容的基本思路等。

c. 征求意见。应就政策制定方案征求相关意见，根据反馈的意见，对政策制定方案进行充分论证和调整完善。

d. 领导审定。政策制定方案经达成一致后，报领导审定。未达成一致意见的，报县领导召集协商一致。

e. 备案管理。

②政策起草风险控制。政策起草首先要认真分析和研究政策制定目标，深入理解目标取向、总体要求，提出正确的政策制定路径和解决问题的导向。

a. 调查研究和分析判断。政策起草要加强调查研究，广泛搜集国内外和全局及区域有关信息，加强比较分析，对共性问题与个性问题形成一般性判断。跟踪研究国际国内宏观经济形势、重大政策变化等情况，深入实际，多层次、多方位、多渠道全面掌握第一手资料信息和动态反映。

b. 相关方协调与公众参与。政策草案应当采取适当形式征求县内相关单位、利益相关方和有关专家的意见，增强政策制定透明度和公众参与度。征求意见可以根据需要，采取召开座谈会、论证会、听证会，或者采取书面征求意见、网上征求意见等形式。

政策草案内容涉及县有关单位或部门职责的，应当书面征求意见。召开座谈会、论证会，一般应在召开会议 7 日前将政策项目调研提纲或者征求意见稿发给与会人员。召开政策项目听证会，一般应当在举行听证会 30 日前通过新闻媒体或者其他适当的方式公布听证会时间、地点、内容、参加人的范围及确定人选的标准。

召开政策项目座谈会、论证会、听证会，应当制作会议记录或者笔录，如实记录发言人姓名、主要观点和理由。座谈会、论证会、听证会结束后，应当及时整理情况，抄送内部控制主管部门、政策制定相关单位，重大情况报县领导。调查研究和征求意见情况应形成书面报告，作为政策起草的参考依据。

c. 社会影响和财力测算。涉及财政收入的政策，应充分考虑公平、效率、经济发展状况和社会承担能力；涉及财政支出的政策，应综合考虑经济社会发展要求与财政承受能力，防范财政风险。

d. 社会和经济风险预测及评估。涉及重大公共利益和公众权益、关系社会稳定问题以及容易引发国际争端和质疑的政策，要进行社会和经济风险预测及评估，并采取适当形式听取专家和相关方面意见。

③政策审核风险控制。建立健全政策审核机制。如以县规范性文件形式制定的政策，政策文稿报送县领导签发前，应当将文稿进行审核。审核无异议的，或者虽有不同意见但经过协商达成一致的，签发审核意见。认为政策文稿存在重大问题，并且不能协商一致的，提出审核意见，报送领导组织协商后审定。

不是以规范文件形式制定的政策，政策文稿报送领导签发前，也应根据需要，将文稿进行会签。未经必要的会签程序，不得报送领导签发，政府办不予核稿。

④政策决策风险控制。建立健全科学民主决策机制，严格决策权限和程序，实行决策责任管理，任何个人不得自行做主履行决策权力。

6.4.2 行政处罚内部控制

行政处罚是指行政事业单位在法律赋予的职权范围内、按照法律规定的程序和流程，对违反行政法规要求，但其严重程度并不构成犯罪行为的违法行为当事人给予行政制裁的行政行为。行政处罚既是行政事业单位惩戒、制裁违法行为的手段，同时也是保障行政相对人基本权利的现代法律程序，因此，应坚持公平、公正、公开原则以及适应违法行为原则[①]。本书主要就行政处罚流程与控制设计、控制目标、主要风险和关键控制措施进行设计。

1）行政处罚流程与控制设计

行政处罚流程主要包括：立案，调查，告知，听证，处理、处罚决定及送达、执行、结案归档[②]（如图 6-2 所示）。

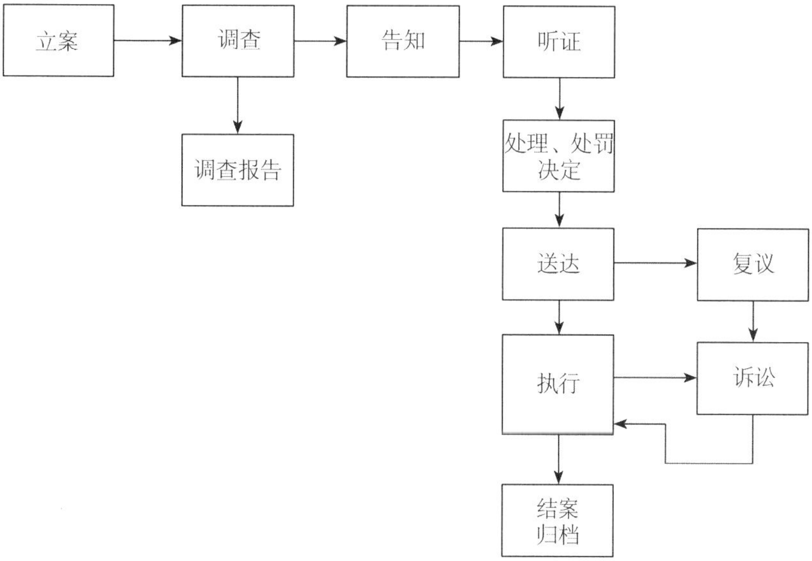

图 6-2　行政处罚流程与控制设计

（1）立案，行政主体初步认为行政相对人有违法行为应当追究其法律责任，在做出正式决定之前，工作进入一般程序处理的标志。

（2）调查，进一步查清所立案事件的事实真相，获得证明事件真相的各种证据，调查终结后应当提出处理意见，单位负责人进一步审核出具的调查报告及处理意见，视具体情况做出相应的处罚决定。

（3）告知，拟给予行政处罚的，行政人员应当将认定的违法事实、行政处罚理由和依据告知行政相对人，并告知其拥有陈述和申辩的

① 中华人民共和国行政处罚法［G］. 中华人民共和国国务院公报，1996.
② 刘春丽. 行政处罚程序研究［D］. 长春：吉林大学，2006.

权利。

（4）听证，执法主体在做出某种特殊的行政处罚决定之前，应当给予当事人参与并发表意见的机会，允许其陈述、申辩、质证。

（5）处理、处罚决定及送达，行政执法主体做出处理、处罚决定，并将行政处罚、处理决定书交付行政相对人。当事人不自觉履行的，由行政事业单位执行部门强制执行。

（6）结案归档，填写结案报告，归档即由经办人对案件的文书、资料进行整理、装订、登记保存。

2）行政处罚的控制目标、主要风险与关键控制措施

（1）行政处罚的控制目标。规范、控制行政处罚的实施有利于保障行政事业单位履行其行政管理职能，控制目标主要体现在以下方面：使违法行为人承担其应当承担的法律责任，维护公共利益和社会秩序；加强对行政事业单位行政行为的控制有利于防止行政事业单位凭借其行政处罚权力以权谋私、侵犯他人正当权益，通过行政处罚内部控制有利于保障公民、法人或者其他组织的合法权益。

（2）行政处罚的主要风险。我国行政处罚相关制度相对欠缺，行政处罚制度可以细化为许多诸如处罚类型、处罚主体、处罚适用、处罚程序、法律责任等具体制度。许多制度都存在欠缺，如听证程序制度。《行政处罚法》最引以为骄傲的成就之一便是第一次在我国引入了听证程序制度，但从实际情况来看，听证制度的宣示意义远远超过其实践意义。究其原因，除了执法人员的疏于告知和搪塞应付外，听证制度本身的设置存在欠缺是重要因素。

受旧的管理体制和观念的局限，立法工作中过于“条条框框”导致实践中每制定一部法律、法规，就重新设置新的执法群体，导致行政执法机构繁多、执法队伍臃肿、执法质量下降等问题；同时各执法主体行政职责交叉重叠，行政执法效率低下，执法扯皮现象严重。

行政处罚制度流程中存在的重大等级风险包括：做出行政处罚决定之前未履行法定告知义务；应当依法听取的未按法律规定举行听证；依法应当移送而未移送；未依法实施调查、取证；在决定环节违反法定职责、权限和程序做出行政处罚决定等。

行政处罚可能存在的重大等级岗位职责风险包括：将未公布的规定作为处罚的依据；未按法律办案、条件立案；做出的行政处罚认定事实不清、证据不足；行政处罚措施不当等。

（3）行政处罚的关键控制措施。针对行政处罚各环节的主要风险点，行政处罚过程的关键控制点有以下方面：

①完善行政处罚自由裁量权制度，细化行政处罚标准。

②健全权力运行制约机制。经办单位实行2人共同审查，讨论做出处罚决定建议，再经单位领导集体决策确定；行政处罚项目涉及多个单位职能的，会签相关单位。按照执法岗位分解、细化执法程序和内容，明确和规范具体岗位或事项的工作要求。

③加强责任追究，依法对滥用职权等违法性进行处理。

④依法实施调查、取证。除规定可以当场做出的行政处罚外，行政机关在做出行政处罚决定之前必须全面详细、公正客观地进行调查，搜集必要、充足、可信的证据。行政机关进行调查取证时，参与人员不得少于两人，并应向当事人或者调查人员出示相关证件以示身份；如果证据很可能消失或今后较难再次取得，报请相关机关负责人批准后可先行登记保存并在七天内及时做出处理决定，其间当事人与行政人员均不得销毁、转移证据[①]。

⑤与当事人有直接利害关系的行政机关人员，应当回避参与该行政处罚行为。

⑥调查终结后，行政机关负责人需要详细审查调查结果和处理建议，做出决定。确实应予以处罚的，视具体情况下违法行为情节的轻重做出相应的处罚决定；对于违法行为较轻或者违法事实不成立的，不得给予行政相对人行政处罚；对情节严重的重大违法行为，应当集体讨论决定行政处罚决定或者移交司法机关处置。

⑦行政机关拟给予行政处罚前必须制定行政处罚决定书，载明当事人重要个人信息、违法行为事实、处罚理由和依据、行政处罚类型、方式及期限等与行政处罚相关的重要信息。

---

① 王爱萍. 论我国行政处罚制度的完善［D］. 苏州：苏州大学，2006.

为防止行政处罚过程中可能出现的权力滥用，可采取以下控制措施：①实行案情备案制度，每月稽查中队对所辖范围案件进行登记归档；②实行问责追究制，对调查不实、包庇隐瞒等行为进行查处；③案件卷宗按时送法制部门初审；④所有立案案件由案审会集体审理，案情复杂或影响较大案件实行公开审理；⑤单位领导、纪检监察、法制人员不定期回访行政相对人，了解相关情况。

6.4.3 行政强制内部控制

行政强制是指行政事业单位为实现其行政管理服务目标而行使行政管理权力的过程中，为了及时、有效地防止关键证据被损毁、以防危害性行为的发生、控制威胁进一步扩大，依法对公民的人身自由或者其财物实施暂时性控制的行为。行政强制坚持依法履行和适当性原则。本书就行政强制的流程与控制设计、控制目标、主要风险及关键控制措施进行设计。

1）行政强制流程与控制设计

行政强制的流程包括决定、实施和执行结束（如图 6-3 所示），具体如下：

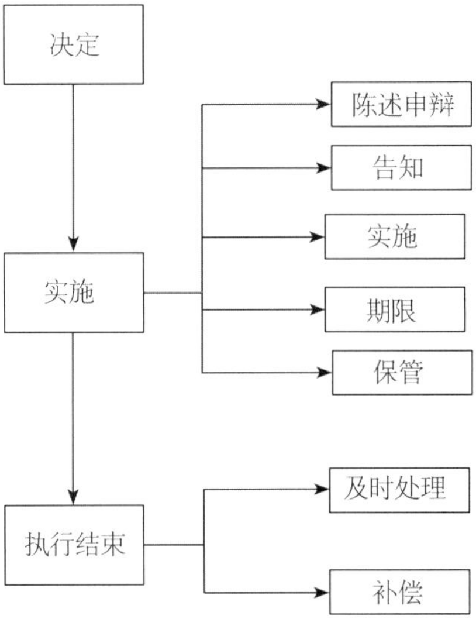

图 6-3 行政处罚流程与控制设计

（1）决定，除当场采取行政强制措施外，行政事业单位执行行政强制行为、依法对组织或公民的财产实现行政强制措施（查封或扣押）前应当报请单位负责人审批。特别地，查封、扣押重大案件或者数额较大的财物时，行政机关负责人应当集体讨论决定（法律另有规定的除外）。

（2）实施过程包括：①陈述和申辩，行政主体在实施行政强制行为前，应当通知并保障行政相对人行使陈述权、申辩权；②告知，行政机关必须将拟采取措施的理由和依据、救济方式及其他权利告知当事人，如采取人身强制措施，则应当以书面形式通知当事人家属行政强制措施的实施主体、地点等内容；③实施，至少应有两位行政执法人员参与实施行政强制措施并必须出示执法证件以表明身份，行政强制措施实施的同时必须做好现场记录，相关记录需由行政执法人员和当事人签名、盖章确认；④期限，对于特殊行政强制措施（如查封、扣押等），执行期限有一定限制，通常不得超过 15 日；⑤保管，对于特殊行政强制措施（如查封、扣押等），行政事业单位应当妥善保管查封、扣押物品，不得使用或损毁，否则需承担相应的赔付责任。

（3）行政强制措施执行结束后，应及时地进一步查清事实，并在法定的时间期限内做出处理；对于特殊行政强制措施（如查封、扣押等）执行结束后，经调查发现当事人并未违法，但却因行政强制措施给当事人造成一定损失的，行政机关应当视具体情况予以补偿。

2）行政强制的控制目标、主要风险及关键控制措施

（1）行政强制的控制目标。行政强制的主要控制目标是，监督行政机关对于行政强制权力的使用，规范行政强制措施的实施合规性和必要性，保护组织、人民群众的合法权益，从而维护稳定秩序和社会和谐，具体来说：

①制止行政违法行为，主要是针对违反行政法律规范、侵害受法律保护的行政关系但尚未构成犯罪过错的，为减少对社会的更大损害、损失，必须对其进行强行制止。

②防止证据损毁。证据是在相关法律诉讼过程中能够判定、裁决过去事实存在的关键依据，几乎整个诉讼过程本质上都是对于证据的搜集和运用。为了防止证据被毁损，行政主体应当对毁损行为进行强行

制止。

③避免重大危害的发生。行政主体同样有必要对可能造成重大危害的行为进行制止。

④控制危险的进一步扩大。对于可能会造成危险进一步扩大的行为，也应当采取强制措施进行制止。

（2）行政强制各环节的主要风险点。行政强制制度流程中存在的重大等级风险包括：行政机关委托临时执法人员执法；行政机关在夜间或节假日执行，采用停水停电等措施强制执法；执行人员扣押或查封个人及其家属的生活必需品等。

政策决策过程可能存在的重大等级岗位职责风险主要包括：执法人员泄露商业机密；行政强制执行排斥“执行和解”行为等。

（3）行政强制各环节的关键控制措施。针对行政强制各环节的主要风险点，行政强制过程的关键控制点如下：

①行政强制执行过程控制点。行政机关在执法过程中，必须能遵循法律规定，上级行政机关单位应该对行政机关的执行人员加强监督考核。根据《行政强制法》的规定，执法主体必须是正式执法人员，行政强制的权力不得委托他人；行政机关实施行政强制执行应当在工作日期间，并尽可能是在白天；行政机关不得采取严重影响居民正常生活、查扣生活必需品等措施以迫使当事人履行行政决定[①]。

②商业秘密的保守控制点。行政机关依法对企业财务情况、交易记录等文件进行检查时，不得扰乱企业正常的生产、经营活动，并且必须严格保守检查过程中了解到的商业秘密和内部信息。对于涉及商业机密的执行过程，应该尽量减少执行人员的数量，在最小的范围内获知商业机密。对于知情商业机密的执法人员，应该加强行政监督、接受社会监督。

③“执行和解”控制点。根据规定，行政强制执行可达成执行协议，对于“执行和解”的事项，行政执行人员不得故意刁难，并且应该畅通检举渠道，接受人民监督。

---

① 隋笑飞，崔清新. 解读行政强制法草案［J］. 太原：政府法制，2009.

6.4.4 行政审批内部控制

行政审核和行政批准经常联合使用，即行政审批。行政审核（即行政认可），是行政事业单位依法对申请人真实、合法行为的认定；行政批准（即行政许可），是行政事业单位同意并依法给予申请人做某事的资格。

本部分就行政审批的流程与控制设计、控制目标、主要风险及关键控制措施进行设计。

1）行政审批的流程与控制设计

行政审批主要流程包括：受理申请人申请、审核（复审、会签）、审定、告知和归档、公布（如图 6-4 所示），具体如下：

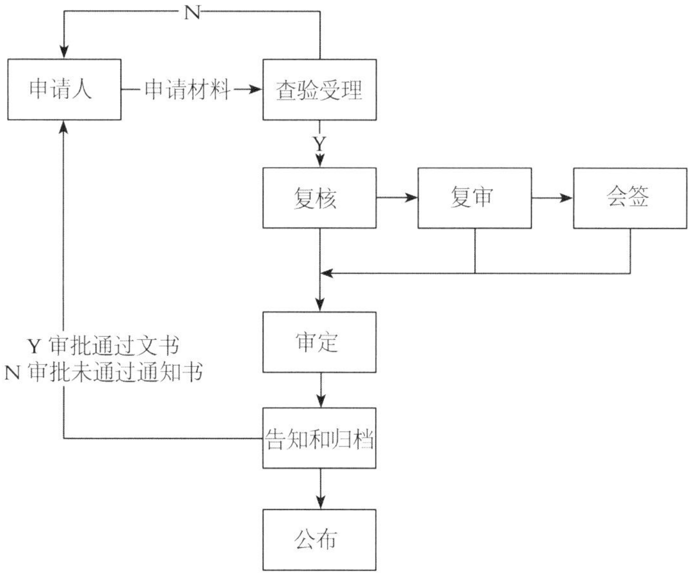

图 6-4 行政审批流程与控制设计

（1）受理。行政主体工作人员应当当场查验申请人提交的申请材料是否齐全、规范。如果申请材料齐全且规范，应当当场受理申请人的申请，同时制发受理通知书，在相关审批办文单上做受理记录；如果申请材料不符合齐全、规范标准，应当将申请材料退回，并告知申请人需要补齐、补正的申请材料要求，同时也要做退回记录。

（2）审核（复审、会签）、审定。受理申请后需对申请材料进行审核，单位负责人负责对材料进行复审；如果情况特殊、必要，应当组织相关部门会签；审核后还需主管领导进行审定；如果情况必要应提请组织会议讨论。审核、复审、会签及审定的标准大致相同，包括审核申请材料是否齐全、规范、真实、符合审批条件。如果满足标准，应在相关审批办文单上签署审批通过意见；如果没有达到审批标准的，也应当明列审批未通过的理由。

（3）告知和归档。如果审核、审定全部通过，应当制发审批文书通知申请人领取，同时做好工作记录；如果审核、审定未通过，退回申请材料，同时制发审批未通过的通知书，将未通过的理由、依据及权利等告知申请人。对于行政审批流程中涉及的文书、材料必须按照法律规定，及时、规范地进行归档保存。

（4）公布。对于审批类事项和备案类事项，审批通过的结果必须自文书制发时起 10 日内在相关信息网络上予以公布。

2）行政审批的控制目标、主要风险及关键控制措施

（1）行政审批的控制目标。与前述依职权类行政行为不同，行政审批的主要控制目标是保障行政审批能够体现政府职能转变、加强服务与合作关系的行政理念，保障行政审批能够切实体现：预防并有效化解各类纠纷，维护公共安全和社会秩序，保障社会公共利益；保障维护公民、法人和其他组织的权益，增进全民福利，为构建和谐社会创造公平稳定的社会环境；使国家对宏观经济学的调控从直接命令式的行政手段过渡到间接优化资源配置的法律手段，增强政府服务意识，有利于政府职能转变和服务型政府的建设。

（2）行政审批的主要风险。行政审批的程序和要求中可能存在的主要风险点如下。

行政审批制度流程中存在的重大等级风险包括：审查程序不合法；对依法应当听证的事项未按照法律规定的要求举行听证；在受理、审查、决定审批通过与否的一系列过程中未向申请人及利益相关者履行告知义务；未依法定期限实施行政审批等。

行政审批可能存在的重大等级岗位职责风险有：未依法公布行政审

批实施的依据；未依法做出受理或不受理决定；在审查环节未依法核实受理材料等。

行政审批可能存在的重大等级廉政风险包括：未按法定权限、条件受理申请；未依法做出许可或不予许可决定；擅自改变已生效的行政审批；擅自收取许可费用等。

政策起草过程可能存在的外部风险包括：未依法公开行政审批的实施和结果情况等。

（3）行政审批各环节的关键控制措施。应当针对以上程序中可能存在的风险点完善相应风险控制：

①加强制度建设。完善行政审批实施的配套制度与单项许可事项的具体管理制度，明确实施条件、程序、期限、需要提交的全部材料等要求，减少办理人员裁量权。

②建立健全行政审批退出机制。对行政审批实施情况、效果等定期开展评估，并根据评估结果就是否继续保留提出意见。

③健全权力运行制约机制。经办单位实行 2 人共同审查，做出许可决定建议后经单位领导集体决策确定。

④加大信息公开力度。依法公开行政审批项目及法律依据、审批条件、审批程序、审批期限及申请材料目录和申请书示范文本等内容；依法公开许可受理情况及其结果。

⑤利用技术手段防控风险。建设网络审批平台，实现办理过程有案可查、实时监督[①]。

6.4.5 行政确认内部控制

行政确认是指依法享有行政确认权的行政事业单位严格依照法律规定和技术程序规范，对法律、事实行为审核、确定，并以书面形式承认、证明申请人具有法律地位。行政确认按行为的动因不同，可分为依申请的行政确认和依职权的行政确认，但是实践中，通常行政确认行为都依申请人提出申请而形成，因此，本书将行政确认归入依申请行政行

① 黄福佳. 完善我国行政审批内部监督的研究［D］. 成都：电子科技大学，2009.

为模式之中。

1）行政确认流程与控制设计

行政确认的一般流程包括查验受理、审核、复审、决定与送达等（如图 6-5 所示），具体如下：

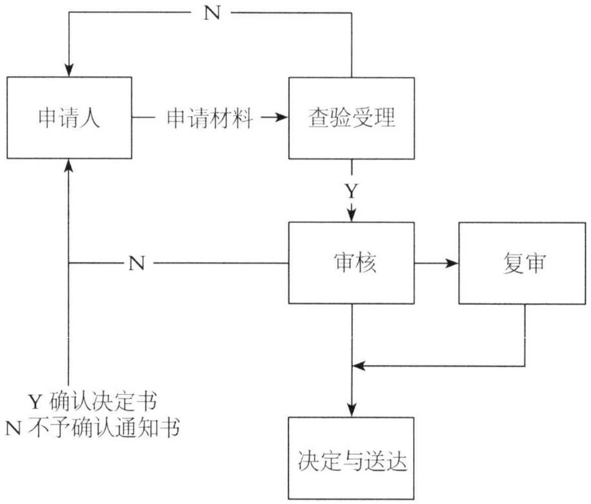

图 6-5 行政确认流程与控制设计

（1）查验受理，受理申请者提供行政确认申请材料，对申请材料符合标准的，须及时受理；对申请材料不齐全的，暂不予受理，提请申请人补正相关内容；

（2）审核，对受理人员移送的申请材料进行审核，对需要现场核实的，组织现场核查；

（3）复审，对审核人员移送的申请材料进行复审；

（4）决定与送达，对申请材料予以确认的，填写《行政确认决定书》；对申请材料不予以确认的，填写《不予确认通知书》，并按时送达决定书。

2）行政确认的控制目标、主要风险及关键控制措施

（1）行政确认的控制目标。行政确认的主要控制目标是保证行政确认能够切实实现下述功能①：

①行政确认可以事先对行政相对人的行为性质、法律地位、法律关

① 张知学. 行政确认制度研究［D］. 上海：华东师范大学，2008.

系予以承认和保护，有效地保护各个组织、人民群众的合法权益，预防纠纷。

②行政确认还可以事后就权利争议、纠纷问题提供客观、可靠的解决依据，确定行为的性质和情节、划清当事人责任、判明事故等级等对于权利归属的确认，能够有效地解决纠纷，为司法活动提供准确、客观的处理依据。

③从本质来看，行政确认主要是在组织、个人提交申请后，通过对行政相对人法律地位、权利与义务的承认给予申请人所需要的、经过公认的权利，有利于促进行政主体公共管理服务、资源配置的科学化。

（2）行政确认的主要风险。从行政确认的主要程序中可以看出行政确认各环节的主要风险点：

行政确认制度流程中存在的重大等级风险包括：未及时受理申请材料；未依法复核已审核的材料；未及时填写、送达决定书等。

行政确认过程中存在的重大等级岗位职责风险包括：对申请材料不齐全的，未依法提请申请人补正相关内容，甚至直接拒绝；未严格审核申请材料等。

行政确认过程中存在的重大等级廉政风险包括：材料审核环节不够公正、客观等。

行政确认过程中存在的重大等级外部风险包括：对需要现场核实的，未依法组织现场核查等。

（3）行政确认各环节的关键控制措施。针对以上程序中可能存在的风险提出以下措施完善相应风险控制：

在行政确认相关法律中明确行政确认条件、程序、期限、需要提交的全部材料等要求，提高办事效率，并明确违法进行行政确认应承担的法律责任，威慑虚假骗取行政确认的行为。

为防止行政机关滥用行政确认权、谋取私人不当利益，应当加强对网络信息技术的利用，将行政确认信息按照行政确认流程进行关联和衔接，并实现行政确认信息的流程化、自动化和透明化，同时加强对参与行政确认的人员鉴别能力、专业行政素质及公正服务意识的训练与培养，以充分保证行政确认的公正、效率和质量。

6.4.6 行政裁决内部控制

行政裁决是指行政事业单位在法定职能范围内，对与行政管理相关的民事纠纷案件进行审查、裁决。

只有经法律授权、对特定行政管理事项有管理职权的行政机关才能成为行政裁决的主体，并且行政裁决的重要前提是：当事人之间发生民事纠纷必须与行政管理密切相关，并且争议发生后当事人中的一方在法定期限内向行政机关提出裁决申请，行政机关行政裁决行为归根到底是以第三者的身份履行其行政管理职能、实现其行政管理服务目标的形式，同时具备司法性质和行政性质，即准司法性。

本部分现就行政裁决流程与控制、控制目标、主要风险及关键控制措施进行设计。

1）行政裁决流程与控制设计

行政裁决一般应遵循以下流程（如图 6-6 所示）：

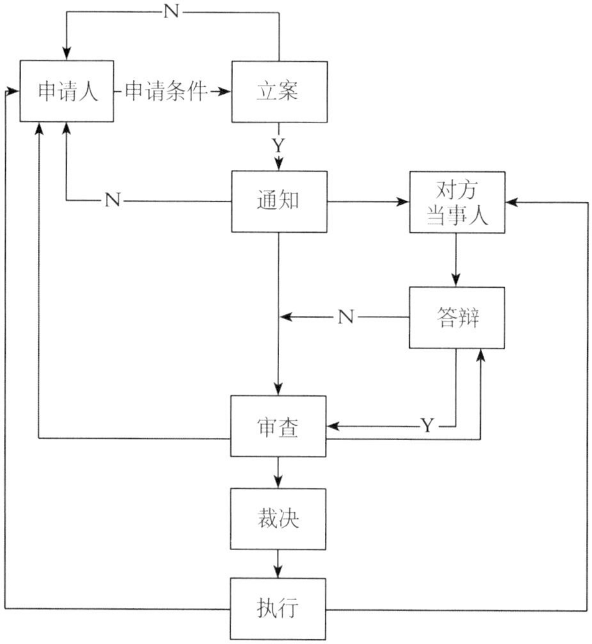

图 6-6 行政裁决流程与控制设计

（1）申请。民事权益发生纠纷的当事人依法定程序、要求向有裁决权力的行政事业单位提出解决争议的申请。

（2）立案。行政裁决单位应当对当事人提交的申请进行严格审查，如果符合裁决条件，应当予以受理，即立案；如果不符合条件，将不予受理的结果和理由通知申请人。

（3）通知。行政机关立案后，应当通知民事纠纷申请人及民事纠纷对方当事人，并要求民事纠纷的对方当事人提交相关证明材料等。

（4）答辩。民事纠纷当事人收到裁决申请后，应及时提交答辩书及相关证据材料，答辩环节既能帮助对方当事人尽快地了解申请人申请诉讼的事实与理由，以便进行辩解，也能客观督促裁决单位查清事实行为、公正裁决。如果行政对方当事人不答辩履行，行政机关也可径行裁决。

（5）审查。行政裁决机关收到行政相对人的答辩书后，要进一步审查民事诉讼事实、证据材料，在对事实、证据材料综合分析的时候可举行公开听证，民事诉讼双方当面陈述、辩论、质证，以尽快查明案情。

（6）裁决。行政裁决单位审理民事诉讼后，依据事实和法律、法规做出裁决，并以书面形式送达。

（7）执行。行政裁决生效后，民事诉讼争议应当自觉履行，否则由裁决机关依法强制执行。

2）行政裁决的控制目标、主要风险及关键控制措施

（1）行政裁决的控制目标。行政裁决的控制目标主要是积极有效地化解纠纷、明晰产权，完善宏观调控，发展市场经济、保障行政管理的有效性和连续性，具体来讲：

①积极有效地化解纠纷，程序灵活简便，节省开支，实现有效性与无偿性的统一，行政裁决是非诉纠纷解决机制的重要组成部分。

②通过行政裁决有效地明晰产权，降低市场交易的不确定性，降低交易成本，实现资源的优化配置和市场经济的有序发展。

③行政主体通过行政裁决方式解决行政争议、诉讼，与行政相对方充分交流、沟通，有利于缓解公共利益和私人收益的矛盾，有利于增强行政事业单位管理服务活动的效率和连续性。

（2）行政裁决的主要风险。从行政裁决流程的各环节看，可能存在的主要风险点为：

行政裁决制度流程中存在的重大等级风险包括：未按法律要求时限举证、答辩、出庭应诉（参加听证）和上诉；逾期未向法院申请强制执行；行政裁决程序不规范等。

行政裁决过程可能存在的重大等级岗位职责风险主要包括：未严格履行法院的生效判决、裁定和国务院裁决等。

界限不明；立法冲突，相互矛盾；救济机制错位等①。

（3）行政裁决的关键控制措施。针对行政裁决各环节的主要风险点，行政强制过程的关键控制点有：

①行政裁决案件所涉及业务单位应当指派专人全程参与，并出庭应诉或参加听证；重大疑难案件应当及时提请集体讨论并聘请专业律师提供服务；相关部门协助、督促相关单位依法履行法院的生效判决、裁定和裁决，依照相关单位的要求向法院申请强制执行。

②规范证据采集与保存，健全案件文书管理，降低程序风险。与其他行政行为相比，行政裁决面临的行政相对人是双方当事人，因此，行政裁决在遵循普遍行政行为原则的基础上，还应当遵循特殊的中立原则、不告不理原则、听取双方意见原则、谁主张谁举证原则、调解原则、司法终局原则等。

③将行政裁决程序纳入《行政程序法》调整范围，拓展行政裁决的范畴和类型，更利于现实民事纠纷的及时、高效解决②。

6.4.7 行政合同内部控制

行政合同、行政契约、行政协议行为，是现代行政法中较为新型且重要的一种行政管理手段，是指行政主体为实现公共管理服务目标，与行政相对人协商一致签订合同、协议、契约。

现行《行政事业单位内部控制规范》业务层面内部控制中提到了合同控制，但是对于诸多合同行为只关注了行政事业单位作为平等民事主

① 姬亚平．行政裁决问题研究［J］．西安：理论导刊，2008.
② 董宝成．对行政裁决进行司法审查问题研究［D］．北京：中国政法大学，2011.

体参与的经济合同，并未考虑行政合同的特殊性。在行政合同之中，行政事业单位并非以平等民事主体身份参与，而是以行政主体的身份与行政相对人订立关于民事权利义务的协议，在其间行政主体享有行政优益权，可以说仅仅是以合同的方式，最终还是为了达到维护与增进公共利益的目的。

本书将就行政合同流程与控制、控制目标、主要风险及关键控制措施进行设计。

1）行政合同的流程与控制设计

行政合同一般流程包括：公告、听取意见、第三人同意、理由阐释、订立书面契约、批准等，具体如下：

（1）公告。行政主体应当将拟订立行政契约合同当事人应当具备的资格和标准以及相关合同内容进行公开，目的在于及时通知对契约合同感兴趣的人参与订立，并使可能受到该行政行为影响的第三人能适时进行陈述和申辩以维护自身的合法权益，使程序参加者能够了解有关订立合同的详细材料，使双方行政行为更具目的性。

（2）听取意见。当双方行政行为必须通过公开招标、拍卖等公开竞争的方式决定缔约相对人时，行政机关应当听取其他参与投标、竞争相对人的意见；行政合同即使通过非竞争性的方式订立时，只要参与协商的相对方当事人为两人以上的，对于未能取得缔约权的相对人，行政主体都应当听取其意见，其意见成立的，应当及时纠正错误的决定。

（3）第三人同意。若双方行政行为缔结合同的内容涉及第三人、合同的履行可能涉及第三人合法权益，则应当事先征询利益相关者的意见并应取得其同意，为避免不必要的行政资源浪费，通常第三人的同意作为订立行政合同的要件。

（4）理由阐释。行政机关在面临多个符合资格的行政相对方竞争时，需对其最终选择决定的理由和依据进行公开解释或者书面阐述，这样能够促使行政机关在做出决定时更加审慎，也便于对决定的正确性进行事后的审查和判断。

（5）订立书面契约。双方行政行为必须以书面形式订立契约、合同，如果法律法规对行政合同还有其他特别要求的，还应当遵守法律法规的特别规定。

（6）批准。双方行政行为需要相关行政机关的核准、批准、同意或联合办理时，订立的合同、契约也需经过相关行政机关的核准、批准、同意或联合办理，否则行政合同无效；如果合同当事人已经部分或者全部履行行政合同的，其有权获得相当的赔偿。

2）行政合同的控制目标、主要风险及关键控制措施

（1）行政合同的控制目标。双方行政行为强调双方当事人之间的协商，同时又保留行政机关必要的行政优益权；它是对依职权具体行政行为和依申请具体行政行为的重要补充形式，是一种富有弹性和灵活性的管理形式。双方行政行为通过引进公民参与国家行政的新途径，使得普通公民能够以更积极的权利形式而不仅仅是负担义务参与实施行政职能。尽量减少行政机关单方行政命令安排，以协商的方式履行行政职能，更便于公民理解和接受，从而有效减少双方利益和目标差异带来的冲突和对立。

双方行政行为的本质是受行政权监督的契约关系，行政性是第一性，而合同性则是第二性。因此，双方行政行为的内部控制目标包括两层：必须首先保证双方行政行为的行政主体权限和行政行为流程合法，同时双方真实、自愿，意思表示合法、一致，与此同时，维护双方约定的权力与义务，既要保证行政主体更好地履行其行政职能、实现行政目标，同时明确合同双方权利义务关系，避免争议、扯皮、推诿，保障双方更好地发挥积极性和创造性。

（2）行政合同的主要风险。双方行政行为的主要风险主要存在于可能对法律法规和双方协议约定的违背，具体包括双方行政行为中行政优益权的行使风险和行政合约缔结、履行流程的违规和违约风险。

行政优益权在保障双方行政行为维护社会公共利益方面有特殊的意义，但该行政特权具有天然的侵略性与扩张性。现行法律法规对行政主体行政优益权的行使缺乏具体而明确的限定和监督，导致现实双方行政行为的履行中，行政主体常常利用自身行政特权任意更改、调整、解释行政合同条款，一定程度上损害了行政相对人的契约权益。

双方行政行为缔结、履行契约合同流程中可能存在的违规和违约风

险如下：行政相对人的选择、行政协议的订立没有按照法律法规对合同订立的程序要求进行；双方行政行为过程、行政合同协议的订立及履行过程信息公开不充分，透明度低；行政主体及工作人员以权谋私和滥用公权力，侵犯行政相对人的契约权益；行政主体对于行政协议中的职责义务拒不执行，行政相对人无法捍卫契约约定的正当权益等。

（3）行政合同的关键控制措施。针对以上双方行政行为可能存在的风险，应建立相应的关键控制措施。

①双方行政行为中行政优益权的行使控制，既要加强行政主体行使优益权行使条件合法性的控制，防止行政主体对权力进行滥用，还要维护行政相对人的合法权益。

完善行政优益权行使条件及实施状况的信息公告，披露其公共利益目的以及相关法律和合同依据，同时公开其承担行使行政优益权带来的责任，补偿行政相对人的损失，并给予行政相对人申诉的权利。同时，进一步健全听证制度，在行政主体拟做出可能会影响行政相对人契约权益的决定之前，应当通知并听取行政相对人的意见和想法，并接受相对人提供的进行申辩的相关证据。

完善行政优益权行使的登记备案制度，按照规定程序向上级领导机关进行登记备案，防止行政主体对行政优益权的滥用，并有效督促其履行合同义务，为后续的行政问责或行政相对人申诉、补偿提供合法依据。

②行政合约缔结、履行流程风险控制，主要体现在以下两个方面。

行政契约的合法性控制：行政契约、合同的订立程序、条款内容必须严格按照法律、法规的规定执行，否则订立的契约合同不具有法律效力。在缔结行政契约的过程中，行政主体应通过多种方式和途径向行政相对人通知与契约合同相关情况和信息；如果可能涉及其他第三人利益，凡不涉及国家机密、商业秘密和个人隐私等保密信息的，应依法向社会公开。

行政契约的合约性控制：行政契约、合同的缔结是实现行政管理目标的特定方式，是双方行政行为权利与义务关系的证明，必须采用书面形式，以为后续契约的履行提供书面证据。为了防止行政主体及工作人员以权谋私、滥用行政权力，侵犯行政相对人正当的契约权益，行政契约的缔结、审批、履行、监督、裁决应由不同行政主体或不同工作人员负责和行使，以体现公正和制衡原则[①]。当有两个或两个以上的行政相对人参与行政合同缔结资格的竞争时，行政主体及工作人员不得私下与当事人进行勾结、交易，也不得听信一方行政相对人的虚假陈述而形成偏见。

① 王凌燕，俞蓉．试论行政合同及其程序规范和控制——兼谈行政程序法典是否对其专章规定［J］．南宁：广西政法管理干部学院学报，2003.

7 研究结论与展望

基于前面的理论分析、框架设计及应用，本部分将主要的研究观点进行概括、总结，希望能为我国行政事业单位行政行为内部控制规范设计提供一种可参考的通用模式，并进一步提出本书的局限性和对未来行政事业单位内部控制研究的展望。

7.1 研究观点概括

行政事业单位内部控制研究不是一个新问题，但是随着我国事业单位分类改革的进展变化以及对行政事业单位内部控制风险认识的深化，仅仅局限于经济活动的行政事业内部控制远远达不到行政管理体制改革的要求和目标，因此，行政事业单位核心业务活动（行政行为）内部控制的提出为行政事业单位内部控制规范研究提供了新的改进思路和实践指导。本书在研究过程中，既吸收前人研究成果的精华，又力争有所创新，主要的研究观点可以概括为以下方面：

第一，结合我国事业单位分类改革的要求，将广义行政事业单位加以区分，针对性地对行政事业单位内部控制主体范围进行区分。本书认为，行政事业单位内部控制不应仅仅局限于所有事业单位适用的“通用性”需要，应当考虑承担不同社会职能的事业单位管理体制差异，其中承担行政职能的事业单位逐步将其职能划归行政机构或转为行政机构，这类事业单位具有与行政单位同样执行行政行为的权力和职能，二者合起来是我国政府降低行政成本、提高行政效率改革的关键，也是增强政府公信力的着力点。

第二，充分掌握内部控制思想从管理过程学派到全面管理职能的过渡，在全面内控思想指导下分析了行政事业单位业务活动之间的互动关系，对行政事业单位内部控制客体范围进行扩充。本书将行政事业单位的业务活动划分为履行其法定职能所执行的核心业务活动（主要是行政行为）和因此必须发生的非核心业务活动（主要是市场行为）。行政事业单位内部控制的控制客体范围应该是行政事业单位在履行行政职能、实施行政行为过程中所发生的一切活动，不仅包括经济活动，也应包括由其法定职责使命决定的核心业务活动，特别是本书主要论述的行政行为活动。本书认为，应当对行政事业单位内部控制框架体系扩充、重构，将行政事业单位内部控制的客体范围从“经济活动”扩大到所有“业务活动”，包含所有行政事业单位为履行其法定职能所执行的核心业务活动和因此而发生的经济活动。

第三，在对现有行政事业单位内部控制框架追本溯源、明确其局限性的基础上，本书基于组织行为理论、政府交易成本理论等重构了系统性的行政事业单位内部控制理论框架：不仅仅要控制核心业务活动过程中可能发生的会计成本、经济成本，更应充分考虑该过程中可能占用、消耗、损失的社会成本；通过与政府管理半径理论的结合分析，明晰了行政事业单位内部控制建设路径。首先着眼于行政事业单位共有的一般性经济业务活动，致力于控制政府衍生性交易成本，特别是不合理、不合规的政府管理半径外衍生性交易成本；进一步，针对行政事业单位的核心业务流程，设计相应风险防控措施以有效保障政府管理半径成本与政府管理效益的匹配，有效通过政府管理服务降低市场原生性交易成本；同时应注意行政事业单位行政文化培养及自我实现激励因素对于内部控制的关键作用。

第四，提出了行政事业单位行政行为内部控制基本要素及框架设计。本书针对行政单位和行政性事业单位行政行为的特殊性进行详细阐述，在前述框架体系下对行政单位和行政性事业单位的核心业务活动——行政行为内部控制的基本要素进行分析确定，并参考有关行政事业单位行政行为业务流程的法律、法规以及准则、规范，寻找各类行政行为业务风险共性并确定行政行为内部控制目标、主体范围、客体范围及控制原则，并将其落实到具体的各类行政行为上，分析其行为流程中可能面临的主要问题及风险点，制定相应的控制制度体系、实施体系和评价体系。

7.2 研究局限性与研究展望

本书最大的创新在于对行政事业单位内部控制框架体系的重构和对行政行为内部控制框架的探索，但同时由于前期理论研究、实践经验的缺乏也给本书带来巨大阻碍，并且跨学科的研究方法为研究带来较高难度，鉴于作者的学识及研究能力有限，对于行政行为内部控制框架这一研究问题，无论是在感性认识、理论分析，还是在实践调研、内部控制体系设计等诸多方面都可能存在不足之处和值得商榷的地方，对于行政行为内部控制模式的划分、行政行为内部控制体系的构建仍有待进一步完善；对于县级行政事业单位行政行为状况的调研样本应当进一步扩充、研究方式需要继续深入，本书谨以此抛砖引玉，希望引起学界、业界对行政事业单位行政行为内部控制的关注。

本书的完成意味着新的起点，学术无止境。鉴于行政事业单位行政行为内部控制研究的重要性和必要性，我将在今后的工作、研究中持续跟进、持续完善，不断努力去弥补现有的研究缺陷，希望能为行政事业单位内部控制建设实践提供理论借鉴意义。

主要参考文献

[1] 马彦. 行政事业单位内部控制体系建设研究 [J]. 中外企业家，2014 (1): 160-162.

[2] 刘国强. 行政事业单位核心业务内部控制原则初探 [J]. 财会学习，2014 (1): 60-62.

[3] 刘国强. 行政事业单位内部控制的目标研究 [J]. 财会学习，2013 (12): 60-62.

[4] 王鹏. 全面准确理解好执行好行政事业单位内部控制规范 [J]. 财务与会计，2013 (12): 4-6.

[5] 田祥宇，王鹏，唐大鹏. 我国行政事业单位内部控制制度特征研究 [J]. 会计研究，2013 (9), 29-35.

[6] 叶必丰. 现代行政行为的理念 [J]. 法律科学.西北政法学院学报，1999 (6).

[7] 姜爱林. 事业单位分类改革的实践模式及其未来选择 [N]. 郑州航空工业管理学院学报，2010-06-15.

[8] 姜爱林. 事业单位分类改革的必要性及其实践模式探讨 [N]. 中共南昌市委党校学报，2010-02-25.

[9] 杨宇焱. 呼和浩特市回民区事业单位人事制度及绩效考核改革 [D]. 内蒙古: 内蒙古大学，2011.

[10] 罗飞．公共资产游离及其经济学分析［J］．江西财经大学学报，2013（1）：47-52.

[11] 何振一．构建与完善财政内控体系的研究［J］．财政监督，2005（8）：8-9.

[12] 王光远．建立政府机关内部审计制度强化政府施政效率和效果［J］．中国内部审计，2006（4）：16-17.

[13] 刘秋明．基于公共受托责任理论的政府绩效审计研究［D］．厦门：厦门大学，2006.

[14] 徐永胜，徐揆．加拿大公共预算管理和监督的特点及其启示［J］．财政研究，2007（12）：70-71.

[15] 胡继荣，包玉婷．美国联邦政府单一审计制度及其借鉴意义［J］．审计研究，2008（4）：30-33.

[16] 刘玉廷，王宏．美国加强政府部门内部控制建设的有关情况及其启示［J］．会计研究，2008（3）：3-10，95.

[17] 张龙平，陈作习，宋浩．美国内部控制审计的制度变迁及其启示［J］．会计研究，2009（2）：75-80，94.

[18] 张国清、李建发．美国政府机构内部控制的发展及其启示［J］．厦门大学学报（哲学社会科学版），2009（4）：86-92.

[19] 王宏．基于国际视野与科学发展的我国内部控制框架体系研究［D］．成都：西南财经大学，2008.

[20] 陈珊．我国政府机构内部控制体系重建［J］．商业会计，2008（13）：28-29.

[21] 董小红．我国政府内部控制框架构建的探讨［J］．绿色财会，2008（5）：52-54.

[22] 田志刚．地方财政内部控制框架及构建研究［J］．中南财经政法大学学报，2009（2）：47-50，143.

[23] 卢成龙．关于构建政府内部控制系统的比较与思考［J］．中国工会财会，2010（10）：8-10.

[24] 刘光忠．政府部门内部控制构建与实施研究［D］．成都：西南财经大学，2011.

[25] 刘永泽，张亮．我国政府部门内部控制框架体系的构建研究［J］．会计研究，2012（1）：10-19.

[26] 蔡志刚．行政事业单位内部控制规范浅析［J］．山西财政税务专科学校报，2012（4）：34-36.

[27] 何瑞雄．以公平和效率为导向的政府管理审计研究［D］．厦门：厦门大学，2007.

[28] 刘力云．论发展和完善我国政府部门内部审计［J］．审计研究，2007（3）：30-34，40.

[29] 郑素芬. 政府部门内部控制与审计的关系研究［D］. 开封：河南大学，2010.

[30] 陈丽芳. 论行政自由裁量权的行政内部控制［J］. 浙江社会科学，2005（3）：200-203.

[31] 孙娜. 论行政自由裁量权的内部控制［D］. 长春：吉林大学，2008.

[32] 卢护锋. 论行政自由裁量权的内部控制［D］. 长春：吉林大学，2009.

[33] 魏皓琼，陈绍初，王洪谦. 加强农业综合开发内部会计控制的探讨［J］. 财政监督，2004（12）：56.

[34] Bannister，赖启忠，陈璇. 构建合理的财政部门内部控制和内部监督体制（《结论和建议》部分）［J］. 财政监督，2005（8）：12-14.

[35] 卢传锋. 完善政府采购内部控制的思考［J］. 财政监督，2008（20）：54-55.

[36] 李茗洁. 浅议工商行政管理部门内部控制的现状与措施［J］. 时代金融，2009（1）：90-91.

[37] 叶必丰. 行政行为原理［M］. 北京：商务印书馆，2014：65-69.

[38] 程晓陵，王怀明. 公司治理结构对内部控制有效性的影响［J］. 审计研究，2008（4）：53-61.

[39] 田浩杉. 抽象行政行为的司法审查［D］. 长春：长春理工大学，2011.

[40] 关梅，于江波. 进一步完善我国抽象行政行为司法审查制度［N］. 政法论丛，2004（11）.

[41] 石东坡. 行政不作为探析——兼谈中关村行政不作为立法［J］. 法学论坛，2002（5）.

[42] 刘晓波. 政府部门内部审计研究［N］. 辽宁经济管理干部学院学报，2008（12）.

[43] 王光远. 中美政府内部控制发展回顾与评述——兼为《联邦政府内部控制》（中文版）序［J］. 财会通讯，2009（12）.

[44] 张庆龙. 美国政府部门内部控制建设的实践与启示［J］. 中国内部审计，2012（3）.

[45] 郭萍萍. 我国政府内部控制研究［D］. 苏州：苏州大学，2012.

[46] 李倩. 政府部门权力运行内控机制建设研究［D］. 上海：华东政法大学，2013.

[47] 柳光强，田文宠. 新公共管理理论视角下的公共部门内部控制探讨［J］. 财政监督，2011（12）.

[48] 刘俊. 我国中央银行内部控制研究［D］. 成都：西南财经大学，2009.

[49] 庞祖清. 如何完善事业单位内部控制［J］. 经营管理者，2014（5）.

[50] 王宏. 基于国际视野与科学发展的我国内部控制框架体系研究［D］. 成

都：西南财经大学，2008.
[51] 国务院关于鼓励和引导民间投资健康发展的若干意见 [J]. 中国中小企业，2010（6）.
[52] 财政部等五部委.《企业内部控制配套指引》[J]. 中国总会计师，2010（5）.
[53] 凌云志. 会计集中核算制下的几个常见风险点及其防范 [J]. 中国证券期货，2010（3）.
[54] 孙露，阳张庆. 上市公司内部控制实施现状与思考 [J]. 财会通讯，2011（12）.
[55] 杨长洲. 我国行政事业单位内部控制制度探析 [J]. 西部财会，2013（11）.
[56] 张亮. 我国政府部门内部控制框架体系的构建研究 [D]. 大连：东北财经大学，2011.
[57] 唐晓玉. 我国行政事业单位内部控制制度研究 [D]. 北京：财政部财政科学研究所，2013.
[58] 刘力云. 论发展和完善我国政府部门内部审计 [J]. 审计研究，2007（5）.
[59] 茆晓颖，孙文基. 我国财政内部控制问题研究 [J]. 财政研究，2010（2）.
[60] 财政部驻四川专员办课题组，杜恒. 财政监督基本问题研究 [J]. 财政监督，2008（9）.
[61] 孙光国，王文慧. 预算控制导向的政府交易成本规范：一个监管框架 [J]. 改革，2014（10）.
[62] 景朝阳. 事业单位分类改革的法律对策 [J]. 经济法学评论，2007（6）.
[63] 王锴. 行政组织法上若干概念之辨析 [J]. 河南省政法管理干部学院学报，2010（7）.
[64] 田恒国. 政治体制改革必须坚持正确的政治方向 [J]. 人民政坛，2007（11）.
[65] 王涛. 论保障公民权利与制约国家权力 [J]. 山东师范大学学报（人文社会科学版），2008（9）.
[66] 王鹏. 全面准确理解好执行好行政事业单位内部控制规范 [J]. 财务与会计，2013（12）.
[67] 周云鹏. 浅谈企业内部控制制度 [J]. 决策探索（下半月），2008（11）.
[68] 王烨. 新旧内部控制基本规范差异比较 [J]. 财会通讯，2010（1）.
[69] 刘春静. 内部控制自我评估在会计、审计领域实践中的初探 [J]. 内蒙古科技与经济，2010（10）.
[70] 张方壮. 行政事业单位内部控制探讨 [J]. 行政事业资产与财务，2014（5）.
[71] 周笑同，高乐坤. 行政事业单位内部控制相关问题探讨 [J]. 财政监督，2014（6）.
[72] 诸葛明. 论人本理念与行政法 [D]. 南京：中共江苏省委党校，2008.
[73] 李晓光. 关于《行政事业单位内部控制规范（试行）》的学习和思考 [J].

中国证券期货，2013（6）.
［74］ 伍世孟．需求理论视角下的地方政府执行力研究［J］．法制与社会，2014（11）.
［75］ 王海青．行政事业单位财务管理关键问题的探讨研究［J］．现代经济信息，2013（6）.
［76］ 程玲丽．完善企业内部控制与提高会计信息质量关系分析［J］．企业研究，2012（7）.
［77］ 郭飞．抽象行政行为［J］．卷宗，2013，3（11）：344-344.
［78］ 关保英．论抽象行政行为主体与具体行政行为主体的分离［J］．法学评论，2006（4）：3-10.
［79］ 张焕光，胡建淼．行政法学原理［M］．劳动人事出版社，1989.
［80］ 江道琪，王振民．关于法律信息的几个问题［J］．法律文献信息与研究，2003.
［81］ 朱力宇．关于法的效力的几个问题［J］．法学杂志，2003.
［82］ 孙丽昕．教育信访制度研究［D］．武汉：华中师范大学，2011.
［83］ 王海西．关于我国行政征收补偿制度改良的研究［D］．北京：中国政法大学，2012.
［84］ 叶必丰．受欺诈行政行为的违法性和法律责任——以行政机关为视角［J］．中国法学，2006（10）.
［85］ 马涛．行政合同责任研究［D］．济南：山东大学，2006.
［86］ 韩思阳．行政裁决纠纷的诉讼选择［J］．政法论丛，2014（4）：97-104.
［87］ 高俊杰．新《行政诉讼法》下的行政合同诉讼［J］．财经法学，2016（2）：79-93.
［88］ 富轶琦．行政案卷排他性原则研究［D］．长春：长春理工大学，2010.
［89］ 李晓光．行政合同中行政主体特权研究［D］．苏州：苏州大学，2004.
［90］ 熊文钊．试论行政补偿［J］．行政法学研究，2005（6）.
［91］ 王元元．关于构建我国行政程序立法的一些思考［D］．延边：延边大学，2005.
［92］ 袁京辉．我国行政强制措施制度的立法探究［J］．江西师范大学，2009.
［93］ 赵登云．非强制行政行为及其赔偿责任研究［D］．湘潭：湘潭大学，2004.
［94］ 叶必丰，徐键，虞青松．行政裁决：地方政府的制度推力［J］．上海交通大学学报（哲学社会科学版），2012（2）：5-19.
［95］ 薛华．运用行政合同有效管理暂住人口［N］．人民公安报，2012-06-18.
［96］ 唐明良．行政裁决及其司法审查中的“证据规则”——“路华诉吉利”案的思考［J］．浙江工商大学学报，2011（5）：95-96.
［97］ 付士成．论行政强制措施及其可诉性［J］．行政法学研究，1999（3）：7-12.
［98］ 董宝成．对行政裁决进行司法审查问题研究［D］．北京：中国政法大学，2011.
［99］ 郭永长、杨素华．试论完善我国的行政裁决制度［J］．行政与法，2003（10）.

[100] 石慧芬. 行政确认制度研究 [D]. 北京：中国政法大学，2005.

[101] 刘元敏. 土地使用证不是合法使用土地的惟一凭证 [J]. 人民司法，2014 (8) .

[102] 田光伟. 行政裁决制度研究 [D]. 太原：山西大学，2006.

[103] 白华. COSO内部控制结构之谜 [J]. 会计研究，2015 (2)，58-65，94.

[104] GAO.Standards for Internal Control in the Federal Government [J/OL]. http：//www.rrsn.com，2015-4-3.

[105] Mary，Shirley.Local Government Internal Auditors′ Perceptions of the Audit Commission [J]. Managerial Auditing Journal，1999，Vol.14 (8) Emerald，396-407.

[106] Calderon，Garber，Conrad.Examining Internal Control Issues in Small and Large Local Goverments [J]. Internal Auditing，2012，Vol.27，pp.11-17. OCLC27.

[107] Cox，Clifford，Wichmann，et al.The Perceived Quality of Internal Control Systems and Reports for State and Local Government [J]，Auditing，12 (2) (Fall 1993)：98.

[108] Asher，Carl.The Internal Audit in U.S.Local Government in the 1990′S：A Status Report and Challenges [J]，Journal of Public Budgeting，Accounting & Financial Management Vol.13 (3) (Fall 2001) pp.325-344.

[109] Fletcher，Stephen.Strengthening Internal Controls in State Government [J]，The CPA Journal，1993：42.

[110] Kidera，David，Fletcher，et al.New York Takes the Pulse：Internal Control in State Government，a Survey Conducted by New York State′s Budget Division Provides Comparative Data on the Structure，Scope and Features of Internal Control Programs in 14 States [J]，Government Finance Review 7.4 (Aug 1991)，pp7.

[111] Reginato，Paglietti，Fadda.Formal or Substantial Innovation：Enquiring the Internal Control System Reform in the Italian Local Government [J]，International Journal of Business and Management，2011，Vol.6 (6) .

[112] Sinason，David，Hillison，et al.The Government Internal Auditor′s Role in Implementing SAS82 [J]，Journal of Public Budgeting，Accounting & Financial Management Vol.13 (4) (Winter 2001)，pp.512-535.

[113] Clifford，Henry.The Perceived Quality of Internal Control Systems and Reports for State and Local Government [J]，Auditing：A Journal of

Practice & Theory Vol.12（2）（Fall 1993），pp.98

[114] McDonald.Internal Control and Accountability in Non - profit Human Service Organisations [J]，Australian Journal of Public Administration，2002，Vol.58（1）

[115] Coe，Ellis.Internal Controls in State，Local，and Nonprofit Agencies [J]，Public Budgeting & Finance，1991，Vol.11（3），pp.43-55

索引